AF366028

Ciudad y mercancías

LOGÍSTICA URBANA

Ciudad y mercancías

LOGÍSTICA URBANA

Institut Cerdà

Promovido y patrocinado por:

Con la colaboración de:

Biblioteca de Logística
Director: David Soler

Ciudad y mercancías. Logística urbana
1.ª edición, 2010

© 2009, Cimalsa
© de esta edición, incluyendo el diseño de la cubierta, ICG Marge, SL.
Esta obra es el resultado de un trabajo de investigación del Institut Cerdà, redactado por Lluís Inglada i Renau y Narcís Teixidó Medina.

La edición de esta obra ha contado con la colaboración de:
Autoritat del Transport Metropolità
Cimalsa
Departament de Política Territorial i Obres Públiques de la Generalitat de Catalunya
Diputació de Barcelona
Districenter
Institut Cerdà
Mercadona
Pacte Industrial de la Regió Metropolitana de Barcelona

Edita
Marge Books - València, 558, ático 2.ª - 08026 Barcelona
Tel. +34-932 449 130 - Fax +34-932 310 865 - www.marge.es

Gestión editorial: Héctor Soler, Laura Matos y Anna Palacios
Edición: Sandra Martínez
Producción editorial: Estela Serrano y Miguel Ángel Roig
Colaboradores editoriales: Roser Pérez y Marta Cañigueral
Compaginación: Mercedes Lara
Impresión: Service Point (El Prat de Llobregat)

ISBN: 978-84-92442-14-0
Depósito Legal: B.

Índice

Introducción

1   Objetivo de este libro

Tradicionalmente, el transporte de mercancías en el ámbito urbano ha sido un segmento de la movilidad desconocido en gran medida por las autoridades locales, las cuales han centrado sus esfuerzos en la gestión de la movilidad de personas (gestión del tránsito, mejora del transporte público, habilitación de zonas de prioridad peatonal, etc.).

Durante los últimos años, sin embargo, se ha invertido esta tendencia y se han observado cambios notables en el marco de la gestión de la logística urbana, de cuya importancia han cobrado conciencia las administraciones. Este interés se ha traducido, en la práctica, en el desarrollo de nuevos instrumentos legislativos para la gestión de la movilidad que se incluyen en el contexto regulador de la distribución urbana de mercancías.

La distribución urbana de mercancías (DUM) se ha convertido, pues, en un importante segmento de actividad que hay que gestionar y que afecta, de modo transversal, tanto a la administración (con una congestión creciente en los ámbitos urbanos) como a la empresa privada (para la cual este aspecto representa una parte importante de su coste logístico y del nivel de servicio a los clientes). Por esta razón, es cada vez más frecuente realizar acciones de concertación que favorecen el trabajo en común de estos dos agentes y la búsqueda de soluciones beneficiosas y duraderas para ambas partes.

En vista del interés creciente que ha despertado la distribución urbana de mercancías, este libro se presenta como una herramienta de consulta y ayuda destinada a los agentes públicos y a los privados. Partiendo de un análisis de qué es el sector de la distribución urbana de mercancías y quién está implicado en él, el libro se centra esencialmente en el estudio de casos prácticos de ámbito internacional con el objeto de identificar posibles sinergias que puedan adoptarse en diversos municipios.

Según sugiere el grado de internacionalización de los casos prácticos, la logística urbana es un segmento de la movilidad que preocupa en todas partes. Por esta razón, compartir los resultados obtenidos en distintas experiencias es un buen modo de optimizar resultados y avanzar hacia el futuro. En cualquier caso, tengamos presente que la gestión de la distribución urbana de mercancías es compleja y no puede basarse en soluciones únicas o estándares, sino que debe ser fruto de la aplicación de actuaciones específicas para cada caso concreto.

2 Definición y agentes implicados

La logística urbana es el eslabón de la cadena del transporte de mercancías que se sitúa dentro de la ciudad. Su principal razón de ser es proporcionar un servicio de aprovisionamiento y distribución tanto a los establecimientos empresariales localizados en ella como al consumidor final.

Pese a la escasez de información específica en el campo de la logística urbana, puede establecerse una relación directamente proporcional entre la actividad económica, el volumen de población y el volumen de la logística urbana generada, de manera que, conforme crecen la actividad económica y la población, aumenta la complejidad de la optimización del funcionamiento de la cadena de la logística urbana. Cabe destacar que la operativa asociada a esta actividad tiene un impacto sobre la movilidad de la ciudad y sobre el coste global de la cadena logística para los operadores.

En el marco de la distribución urbana de mercancías, hay dos tipologías principales de agentes: los que ofrecen servicios logísticos y los que los piden o necesitan.

En cuanto a los agentes que ofrecen servicios logísticos, han sido clasificados en función del tipo de producto o servicio que proporcionan. En este grupo encontramos: los PEC (transporte de paquetería, *express* y *courier),* los operadores logísticos, los distribuidores, los productores mismos (que en algunos casos internalizan la actividad logística) y los establecimientos que llevan a cabo el autoaprovisionamiento de mercancías.

En el apartado de la demanda de servicios logísticos en ámbito urbano, encontramos, ante todo, establecimientos de carácter comercial (canal horeca, distribución comercial organizada y tradicional), domicilios particulares y otros establecimientos empresariales de servicios o actividades industriales presentes en el tejido urbano.

Al margen de estos agentes directamente implicados en la operativa, hay que mencionar otro: la administración, que es el actor encargado de gestionar la distribución urbana de mercancías en la ciudad. Los tres, desde su diversidad de competencias, tienen un interés común: optimizar los flujos urbanos de mercancías.

3 Acciones encaminadas a la mejora de la logística urbana

Desde un punto de vista global, el correcto funcionamiento y la mejora de la distribución urbana de mercancías requieren la elaboración tanto de las acciones de gestión como de las de infraestructura.

Por lo que se refiere a las *acciones de gestión* destacan, en un primer bloque, las que podríamos llamar básicas, que incluyen la normativa, la información y el seguimiento:

- *Las acciones normativas.* Como cualquier actividad que se realice en la vía pública, la distribución urbana de mercancías debe disponer de una normativa que contribuya a asegurar, por medio de un soporte jurídico, su convivencia con el resto de las actividades que se desarrollan en la trama urbana. Se incluyen en este apartado la elaboración de reglamentos municipales y la necesidad de establecer criterios de movilidad en la planificación urbanística.
- *Las acciones informativas.* Desde el punto de vista del gestor municipal (para la transmisión del conocimiento de la normativa a los agentes implicados) y del operador (para el aumento de la eficiencia de su operativa), la información es un pilar fundamental si queremos conseguir un funcionamiento correcto de la distribución urbana de mercancías. Se incluyen en este apartado acciones tales como: la confección de mapas de transporte de mercancías, la utilización de las tecnologías de la información y el empleo de elementos de señalización.
- *Las acciones de seguimiento.* Contribuyen a elevar los niveles de cumplimiento de la normativa. Pueden llevarse a cabo por medio de la aplicación de la disciplina viaria o de la tecnología (es el caso de las cámaras de control).

En el mismo apartado de las acciones de gestión, y con un gran potencial de desarrollo, hay que contemplar también:

- *Las acciones de gestión de la capacidad:* su objetivo es aprovechar mejor la capacidad de la infraestructura viaria de acceso a la ciudad y los vehículos encargados de transportar la mercancía. Entre las acciones de este tipo figuran: las entregas en horas valle, las tasas sobre la circulación urbana, las regulaciones o restricciones de accesos y la mejora del aprovechamiento de la capacidad del vehículo.
- *Las acciones de sostenibilidad:* tienen por objetivo compatibilizar la movilidad de mercancías en el ámbito urbano con el vector ambiental. Entre las principales acciones que lo posibilitan destacan: la introducción de vehículos con menores emisiones contaminantes y de efecto invernadero, y la de vehículos con menor impacto acústico.
- *Las acciones de infraestructura:* con ellas se pretende dotar de un espacio adecuado a la distribución urbana de mercancías. Se incluyen en este apartado acciones dirigidas a la mejora de las infraestructuras actuales (zonas de carga y descarga) y acciones orientadas al desarrollo de soluciones que se hallan en estado incipiente, como ocurre con los centros de consolidación urbana y las consignas.

Para alcanzar objetivos ambiciosos en este ámbito, es necesario que las tres partes implicadas (oferta, demanda y administración) se esfuercen en llevar a cabo acciones que contribuyan a mejorar las condiciones de funcionamiento de la logística urbana. Sólo así se conseguirá dibujar un escenario futuro en el que el grado de satisfacción y, por lo tanto, la eficiencia operativa de las distintas partes implicadas sean óptimos.

Parte I

La logística urbana, visión teórica

1 Introducción a la logística urbana

1.1 La movilidad en los ámbitos urbanos

Las ciudades actuales son centros dinámicos en los que confluye un continuo de actividades (comerciales, logísticas e industriales) que coexisten diariamente con la residencia de sus habitantes y la llegada del turismo visitante. Esta circunstancia, hace que coincidan en la ciudad, cotidianamente, las necesidades de movilidad con motivaciones diversas que deben satisfacerse para garantizar la competitividad del tejido comercial y la calidad de vida de sus habitantes.

Históricamente, la movilidad en las ciudades fue confiada a los automóviles: se diseñaron calles y espacios para su libre circulación y estacionamiento y, poco a poco, se menospreció al viandante y, en gran medida, el transporte público. El aumento de la población de las últimas décadas ha comportado el incremento del volumen de desplazamientos, tanto de pasajeros (debido a la mayor población, el parque de vehículos es excesivo) como de mercancías (mayor demanda de consumo), y esto ha llevado a la sobresaturación de la circulación en los ámbitos urbanos, lo que se ha traducido en un aumento de las retenciones en los principales ejes viarios, dificultades en los accesos a las ciudades, zonas peatonales invadidas por automóviles estacionados, etc.

Al mismo tiempo, la calidad del aire en las áreas urbanas ha sufrido un importante deterioro. Por ello, los impactos ambientales se han convertido en un claro objetivo de mejora en la gestión de la movilidad y se ha acentuado la necesidad de combinar la fluidificación del tránsito con políticas de transporte sostenible.

Se ha demostrado, pues, que el crecimiento de las ciudades ha provocado que el modelo que confiaba la movilidad al vehículo privado es incompatible con la optimización de la circulación y, por ello, con el bienestar de las personas residentes, la competitividad económico-empresarial y la sostenibilidad ambiental. Por este motivo, las tendencias actuales en la gestión de la movilidad avanzan hacia un modelo capaz de cubrir estos factores, con el objeto de conseguir un funcionamiento óptimo de la movilidad urbana.

Entre los puntos que contribuyen a la mejora del modelo actual, figuran los siguientes:

- Considerar la ciudad como un polo que genera y atrae movilidad, en el que debe garantizarse la fluidez tanto de su circulación interna (desplazamientos dentro de la ciudad misma) como de sus accesos.
- Compatibilizar al máximo la coexistencia diaria de las formas de transporte que cohabitan en las zonas urbanas, para que puedan desarrollarse de modo equilibrado y seguro.
- Promocionar y dar cobertura al territorio en cuanto a transporte público colectivo, tanto urbano como interurbano, procurando un máximo de intermodalidad entre los diferentes servicios.
- Impulsar los modos de transporte alternativo para que aporten las soluciones válidas más respetuosas con el medio ambiente.
- Mejorar la gestión de la distribución urbana de mercancías (DUM), implicando a todos los agentes de la cadena logística y a los transportistas, con el objeto de lograr una solución beneficiosa para todas las partes.

En la configuración del modelo de movilidad en los ámbitos urbanos, el cual debe tener presente tanto el transporte de pasajeros como de mercancías, hay que tomar en consideración las necesidades de cada uno de los agentes que lo integran, con el fin de promover su desarrollo equilibrado y sostenible. Es necesario, pues, compatibilizar la convivencia de los diferentes modos de transporte, los espacios de convivencia, los de paseo, las zonas de aparcamiento, las áreas de operaciones de distribución de mercancías, etc., que se hallan en un espacio común y público que debe ser gestionado con la mayor eficiencia posible. Entre los agentes que interactúan en la movilidad urbana destacan los siguientes como los principales:

- *El viandante* es el elemento básico de las áreas urbanas. Los ciudadanos se desplazan sobre todo a pie, ya sea desde su punto de origen hasta el de destino, ya dirigiéndose a un punto de enlace con algún transporte (lugar de aparcamiento del vehículo privado o parada de transporte público). El Observatorio de la Movilidad Metropolitana (OMM) elaborado por los ministerios de Medio Ambiente y Fomento (marzo de 2007) muestra que, en Madrid, el 33 % de los desplazamientos se hacen a pie, y en Barcelona la cifra aumenta hasta el 38 %. El desplazamiento a pie es el que ocupa menos espacio y el que requiere mayor atención por cuanto que es la esencia de las ciudades y aquél del que depende una mayor parte de la población. Ahora bien, la limitación de la distancia que puede recorrerse a pie hace este modo inválido para las largas distancias. La libre circulación para quien anda y el respeto a los pasos de peatones y a las personas con movilidad reducida son elementos básicos de la configuración urbana.

- *La bicicleta* es otro modo de transporte sin afectación medioambiental. Su adopción va siendo una de las constantes de las nuevas configuraciones urbanas. Ya sea como transporte habitual o de ocio, requiere su espacio propio, protegido de los vehículos motorizados e incluso de los viandantes, con los que hasta hace poco compartía espacios pero con los que se ha demostrado incompatible. Se trata de un medio de transporte con un gran crecimiento en el ámbito urbano, utilizado de forma muy habitual entre la población joven y también por algunas empresas de mensajería, lo cual abre las puertas a su empleo en determinados segmentos de la distribución urbana de mercancías.

- *El transporte público* es otro factor de vital importancia en la movilidad urbana. En el área metropolitana de Barcelona representa el 27 % de los desplazamientos realizados, y en la ciudad de Barcelona, el 42 % (Observatorio de la Movilidad Metropolitana, 2007). Esta diferencia de cuota pone de manifiesto que, cuanto más aumenta la distancia, tanto más el transporte público pierde cuota a favor del vehículo privado, por lo que tiene una menor permeabilidad en el territorio. Forman parte del transporte público:

  - *Transporte público en superficie* (autobús y tranvía). Este tipo de transporte requiere su propio espacio en las ciudades. Pese a que ocupa una superficie importante y necesita carriles específicos (o vías segregadas), su gran capacidad lo hace ideal para desplazamientos en entornos de alta densidad en los que sería imposible que la población entera llevase a cabo los desplazamientos en vehículo particular.
  - *Transporte público soterrado* (metro y ferrocarriles). Es también muy importante en la movilidad urbana. Es un modo de transporte masivo, ahorra un gran volumen de movilidad en superficie y, por sus características, no interfiere en la vía pública.

  En un entorno en el que se pretende potenciar la movilidad sostenible, es fundamental la promoción de los transportes públicos.

- *El vehículo privado* era, hasta hace pocos años, el gran protagonista de la movilidad urbana en las ciudades, y la principal razón de ser de las calles y las zonas de aparcamiento (actualmente, es el segundo medio más utilizado para los desplazamientos en el área metropolitana de Barcelona, con una cuota del 30 %, bajando el porcentaje al 17 % si nos ceñimos a la ciudad de Barcelona). Este modelo, según antes hemos comentado, se ha revelado ineficiente y poco sostenible, llena mucho espacio con un bajo índice de ocupación, genera contaminación atmosférica y acústica, etc. Pese a todo, es y seguirá siendo un medio que cubre necesidades que otros modos de desplazamiento no pueden cubrir (trayecto puerta a puerta, disponibilidad a cualquier hora, relativa capacidad de carga, etc.), y por esta razón, las políticas actuales tienden a promover su utilización racional más que a restringir su empleo.

- *La motocicleta* es una de las soluciones que más se han generalizado, y una de las que mejor se adaptan a la climatología mediterránea. Su consumo de espacio y su impacto en el medio por pasajero son muy inferiores a los del automóvil, dado el bajo índice de ocupación que suele tener el vehículo privado.

- *Los vehículos comerciales* (camiones, furgonetas, vehículos mixtos, etc.) se usan ya sea para distribuir mercancías, ya para realizar un servicio. La afectación que este tipo de transporte tiene en la movilidad general es importante y presenta dificultades especiales en el estacionamiento, que debe hacerse cerca del punto de destino final de la mercancía o de la prestación del servicio.

En suma, según vemos, en la trama urbana conviven distintos usuarios de la movilidad diaria, con objetivos y necesidades diferenciadas, y eso exige un importante esfuerzo para llevar a cabo una gestión que permita optimizar los desplazamientos de cada cual. Hay que tender, por ello, hacia una movilidad más equilibrada y sostenible que garantice los desplazamientos de personas y mercancías, favorezca un empleo más racional del vehículo privado y fomente el transporte público y los modos de desplazamiento alternativos. El fin último debe ser, pues, que las ciudades del futuro dispongan de la complementariedad óptima entre los diferentes modos de transporte, garantizándose en cada caso unos buenos niveles de calidad del aire, así como la competitividad y el progreso de la economía.

1.2   La logística y su versión urbana

La *logística* podría definirse como «la manipulación de los bienes y servicios requeridos o producidos por las empresas o los consumidores finales por medio de las funciones de transporte, almacenamiento, aprovisionamiento y distribución de mercancías». Cada una de estas funciones incluye, a su vez, diversas actividades: recepción, tratamiento y preparación de pedidos, gestión de existencias, diseño de rutas, tratamiento de la información comercial, selección de proveedores, controles de calidad, preparación de semielaborados, etc.

El Council of Logistics Management define la *logística* como «la parte del proceso de gestión de la cadena de suministro encargada de planificar, realizar y controlar de modo eficiente y efectivo el almacenamiento y el flujo directo e inverso de bienes, servicios y toda la información relacionada con éstos, entre el punto de origen y el punto de consumo, con el objeto de cumplir las expectativas del consumidor».

La globalización, la mejora en los transportes y la creciente demanda de producción en países emergentes han hecho aumentar el tráfico de mercancías a escala mundial (220 % entre los años 1970 y 2000 en la Unión Europea). Actualmente, las mercancías se desplazan cada vez más y recorren distancias mayores, y no sólo no está previsto que esto se detenga, sino que hay indicadores que muestran su tendencia al alza. Algunas comunidades autónomas españolas participan muy directamente de este fenómeno. Es el caso de Cataluña; por su situación geográfica (lugar de paso de grandes corredores de mercancías), el sector logístico se ha convertido en estratégico para la economía catalana:

- El transporte de mercancías ha tenido una tasa de crecimiento anual del 12 % en los últimos cinco años.
- Las actividades del sector logístico y del transporte representaron alrededor del 6 % del PIB de España en 2007 (la construcción representó el 11 %).
- La actividad logística representa, actualmente, el 4,1 % de la ocupación.

La cadena logística o cadena de suministro es la expresión que define la secuencia de agentes, funciones y actividades en la que intervienen flujos de bienes, servicios e información relacionada entre dos puntos.

Las cadenas logísticas tienen diferentes formas y grados de complejidad pero, en general, incluyen estos cinco agentes principales:

- Proveedor.
- Fabricante.
- Distribuidor.
- Detallista.
- Consumidor.

Entre estos agentes tiene lugar un transporte de mercancías, habitualmente subcontratado a operadores logísticos o transportistas, aunque también puede darse el caso de que se realice con medios propios de alguno de los agentes.

	Tipo de logística	*Tipo de vehículo*	*Ámbito geográfico*	*Distancias*	*Tipos de agentes de la cadena*
Largo recorrido	Logística industrial	Grande	Interurbano	Distancias largas en ámbitos regionales e internacionales	- Proveedores de materias primas - Fabricantes - Distribuidores mayoristas
Capilar	Logística de consumo	Mediano o pequeño	Urbano	Distancias cortas en ámbitos locales (ej. < 50 km)	- Distribuidores minoristas - Puntos de venta

Tabla 1. Logística industrial y de consumo.

Las expresiones territoriales más evidentes de esta cadena son, por una parte, las instalaciones inmobiliarias de los agentes (almacenes, plantas de fabricación, etc., propias o subcontratadas) y, por otra, el transporte físico de las mercancías entre los agentes.

En general, se distingue entre transporte de largo recorrido y capilar, teniendo cada cual unas condiciones y una funcionalidad distintas. El transporte de largo recorrido corresponde a intercambios de bienes que cubren largas distancias, y suele hacerse con vehículos grandes, entre operaciones de la cadena logística previas a la distribución detallista. El transporte capilar corresponde a relaciones de corta distancia, realizadas en general con vehículos medianos/pequeños, para cubrir el suministro a la distribución detallista.

Si bien se sobreentiende que la logística capilar se desarrolla en ámbitos urbanos y la de largo recorrido en ámbitos interurbanos, para delimitar dónde termina una y dónde empieza la otra hay que observar su funcionalidad dentro de la cadena logística. Desde este punto de vista, la logística de largo recorrido termina en las plataformas de distribución orientadas al comercio minorista. En la figura 1, la logística de largo recorrido está representada por una flecha gris claro, y la logística capilar lo está por un tramo de flecha gris oscuro.

La distribución urbana de mercancías es el transporte de mercancías en ámbito urbano, ya sea para aprovisionar establecimientos empresariales (comerciales, industria-

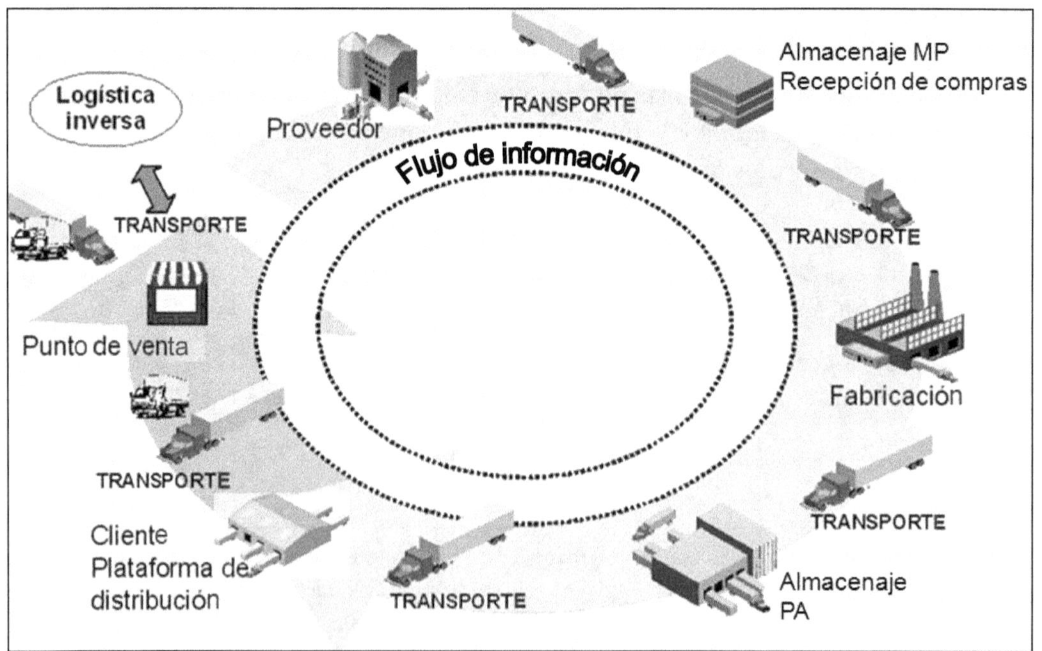

Figura 1. Esquema de la cadena logística tipo.

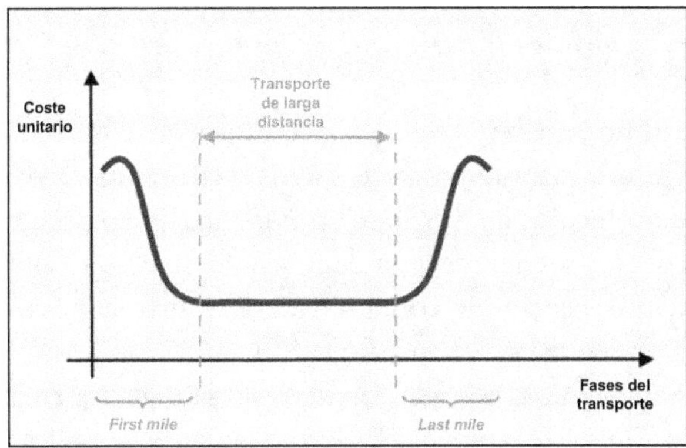

Figura 2. Coste unitario de la cadena logística tipo.

les o logísticos), ya para el aprovisionamiento directo del consumidor final. La distribución urbana es el último eslabón de la cadena de transporte, denominado *last mile* (última milla).

La ciudad, el marco de la distribución urbana de mercancías, es un sistema orgánico que registra una complejidad creciente en su estructura de elementos y relaciones. Estas características dibujan un escenario en el que los actores y sus actividades compiten y cooperan para responder a la diversidad de los requisitos del resto de los agentes urbanos.

La importancia de la logística urbana se basa en que:

– Influye directamente en el coste del transporte, afecta al coste final del producto y, por ello, a la competitividad de las empresas y de la economía en general.
– Sirve a las actividades industriales-productivas y a las comerciales.
– Es imprescindible para mantener a los comercios correctamente aprovisionados y, por tanto, para mantener cubiertas las necesidades de la demanda ciudadana.
– Genera ocupación por sí misma.

Por lo común, debido a la configuración urbana misma, la distribución de mercancías se realiza normalmente por carretera y, por limitaciones normativas, por medio de vehículos de tamaño mediano (furgonetas o camiones pequeños, <7,5 t de MMA). La elección del vehículo más adecuado depende de la situación y las necesidades (volumen y configuración de la carga, tipo de trayecto, tipología del establecimiento al que va destinada la distribución, normas municipales, etc.). Los vehículos de transporte de mercancías pueden realizar funciones de introducción de bienes, logística inversa, envíos de productos o paquetería, recogida de residuos, etc. Pueden también servir a almacenes situados en ámbitos urbanos para una posterior distribución capilar de las mercancías.

1.2.1   *La sociedad y la logística urbana; influencia en las ciudades*

A menudo, la sociedad no percibe la logística y el transporte como elementos imprescindibles para asegurar el suministro de productos a los establecimientos, sino que los percibe como un conjunto de vehículos de distribución que interfieren negativamente en la circulación en ámbitos urbanos (son lentos, grandes y se detienen una y otra vez) y en la calidad de vida de los ciudadanos, generando contaminación ambiental y acústica. Esto conduce a que el ciudadano no entienda correctamente la funcionalidad de la logística urbana, y así se explica por qué algunas iniciativas relacionadas con la logística en ámbitos urbanos han topado a veces con las quejas o la oposición de asociaciones vecinales y grupos ecologistas.

En el momento de resolver conflictos, los gestores de la ciudad se encuentran, pues, con tres tipos de intereses: los de los ciudadanos, los de los transportistas y los del tejido empresarial:

- *Los ciudadanos* reclaman tener una buena calidad de vida en las ciudades. Éste es un hecho importante tanto para el bienestar de sus residentes como para la atracción de actividades empresariales, incluyendo la turística.
- *Los transportistas* que trabajan diariamente en ámbitos urbanos están expuestos a una fuerte congestión del tránsito, penalizaciones por llegar con retraso, estrés, jornadas laborales excesivas, restricciones de acceso (horario, zona, tamaño, etc.), dificultades para la carga y descarga, plazos de entrega muy delimitados, accidentalidad, etc.
- *El tejido empresarial.* Los centros urbanos necesitan la actividad económica (industrial, logística y comercial) para atraer residentes, empresas, compradores, etc. No se debe menospreciar, en este punto, el hecho de que los ciudadanos también necesitan esta actividad comercial, dado que precisamente ellos son la razón de ser inicial del comercio y de la actividad empresarial en general.

Aunque es difícil encontrar el equilibrio entre los requerimientos del tejido empresarial, el transporte y los ciudadanos, el reto, para la gestión de la movilidad urbana, consiste en el logro de un espacio de convivencia donde se tomen en consideración las necesidades de las empresas cargadoras y transportistas, y se garantice la sostenibilidad ambiental de la ciudad. El comercio localizado dentro de los centros urbanos suele tener dificultades para mantener su competitividad frente a sus competidores potenciales (centros comerciales y comercios mayoristas en las afueras de la ciudad, comercio electrónico, etc.). Por este motivo, hay que tratar de facilitar la gestión logística y contribuir a mejorarla, con el objeto de evitar un posible abandono de los centros urbanos como emplazamientos comerciales, con las consecuencias que de ello resultarían sobre los accesos y salidas de la ciudad.

Según resulta patente, las dificultades a las que hace frente la movilidad urbana no tienen fácil solución. El camino hacia la mejora pasa por involucrar a todos los implicados en la búsqueda de soluciones comunes orientadas a optimizar la cadena logística de última milla, sin desestimar la necesidad de llevar a cabo acciones pedagógicas para que la sociedad adquiera conciencia de la importancia de la logística urbana, tanto para que los productos de consumo diario estén en los establecimientos como para garantizar la competitividad de las ciudades.

1.3 La logística urbana, magnitudes principales

Si bien no hay indicadores para la medición cuantitativa del impacto de la logística urbana en las ciudades, determinados factores ayudan a analizarlo, y permiten también relacionar las variables que en ella interactúan. Entre estas variables figuran el número de habitantes, el de establecimientos empresariales, el índice del comercio minorista, el parque de vehículos (tanto privados como furgonetas y camiones), los datos sobre desplazamientos urbanos según los ámbitos de actuación, el número de zonas de carga y descarga habituales, etc.

Relación entre la población y la distribución urbana de mercancías

El número de habitantes influye directamente en la movilidad, de modo directo (en los desplazamientos diarios) e indirecto (dado que ellos conforman la demanda y son la principal razón de ser del comercio). Por este motivo, cuanto mayor es el número de habitantes de una ciudad, tanto mayor es la necesidad de movilidad, así como el esfuerzo que se debe realizar a fin de encontrar soluciones adecuadas para todas las partes implicadas.

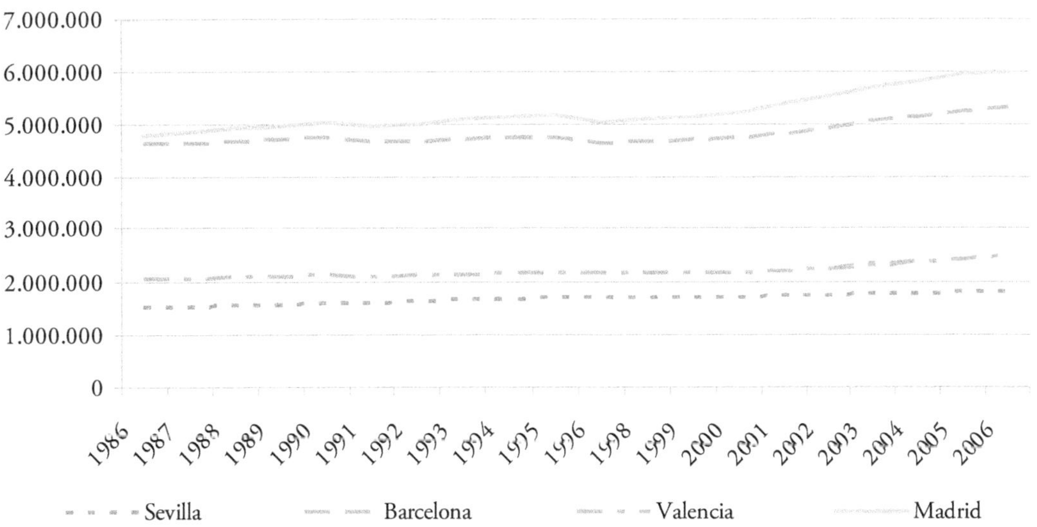

Figura 3. Evolución de la población en las provincias más pobladas de España. Fuente: INE.

Madrid y Barcelona son, con mucho, las provincias más pobladas de España. Esto explica que estas ciudades registren los índices más elevados de distribución urbana de mercancías. Contrastaremos esta afirmación más adelante, cuando analicemos los desplazamientos urbanos de mercancías según las ciudades.

Relación entre el establecimiento empresarial y la distribución urbana de mercancías

Los establecimientos empresariales situados en la ciudad tienen por objetivo satisfacer la demanda de productos de consumo por parte de la población o bien ofrecer un servicio. Esta demanda de consumo es precisamente el factor causal que genera la distribución urbana de mercancías (aprovisionamiento del establecimiento y, a veces, servicio a domicilio).

En general, el volumen de desplazamientos diarios generados por establecimientos varía en función del tipo de producto o servicio que ofrecen. Distingamos, entre otros, el pequeño comercio (alimentación, ropa, artículos para el hogar, etc.), el comercio al por mayor, la hostelería, etc.

Las tablas 2 y 3 muestran algunos de los valores estimados por las directrices de la movilidad de la Generalitat de Catalunya en lo relativo a la movilidad generada por los aprovisionamientos de algunos de los tipos de establecimientos antes mencionados.

Como puede apreciarse, el sector de los productos alimentarios es el que produce más movimientos diarios. Digamos, paralelamente, que, entre todos los comercios detallistas situados dentro de las ciudades, los que se centran en productos alimentarios y bebidas son los más numerosos y, en definitiva, los que generan un volumen más importante de

MOVILIDAD GENERADA POR
EL PEQUEÑO COMERCIO

Establecimientos	*Entregas diarias*
Productos alimentarios	5,3
Ropa y calzado	0,4
Artículos para el hogar	1
Libros y periódicos	3
Productos químicos	0,6
Material de transporte	0,7
Comercio no clasificado en otros apartados	0,7

Tabla 2. Distribución urbana generada. Fuente: Directrices Nacionales de la Movilidad (DPTOP Generalitat de Catalunya).

MOVILIDAD GENERADA POR OTROS
ESTABLECIMIENTOS

Establecimientos	*Entregas diarias*
Comercio mayorista	2
Hostelería	2

*Tabla 3. Distribución urbana generada. Fuente: Directrices Nacionales de la Movilidad
(DPTOP Generalitat de Catalunya).*

distribución urbana de mercancías. Contrastemos el hecho en la ciudad de Barcelona, donde el 24 % de los establecimientos comerciales son alimentarios. Por debajo de esta cifra se sitúan los establecimientos del sector textil, que representan el 19 % del total.

El comercio minorista (pequeño comercio)

Es uno de los sectores con más demanda de servicios de logística urbana. El pequeño comercio está generalmente situado en centros urbanos y requiere la entrada de transporte a la ciudad para aprovisionarse de mercancías. El índice del comercio al por menor ha mostrado, en los últimos cinco años, una tendencia al aumento (4,6 % interanual para el período 2003-2008), cifra superior al incremento experimentado por el IPC para el mismo período (3,3 %).

ÍNDICE DEL COMERCIO AL DETALL (BASE 2005=100)

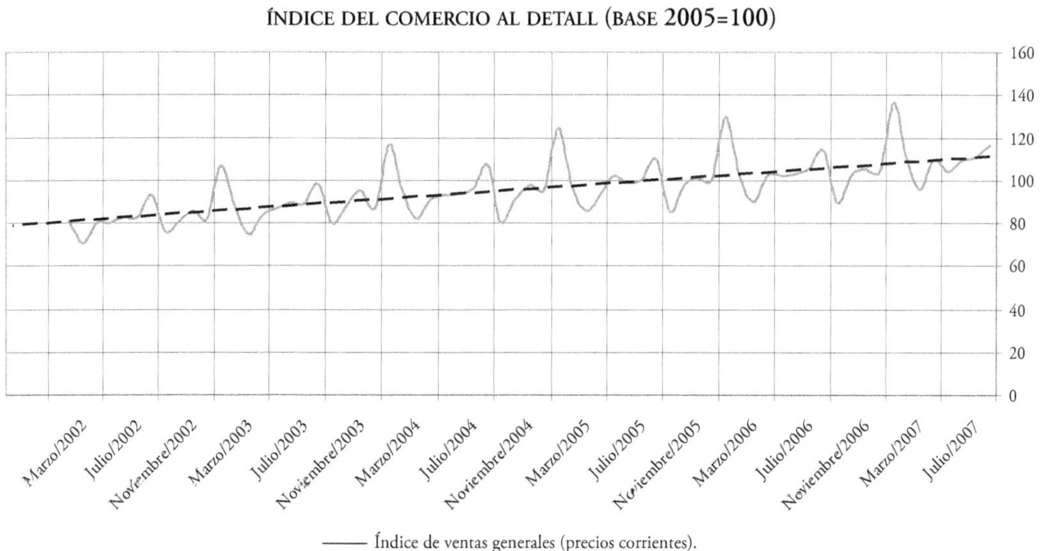

——— Índice de ventas generales (precios corrientes).
------- Lineal (índice de ventas generales [precios constantes]).

Figura 4. Índice del comercio al por menor. Fuente: Idescat.

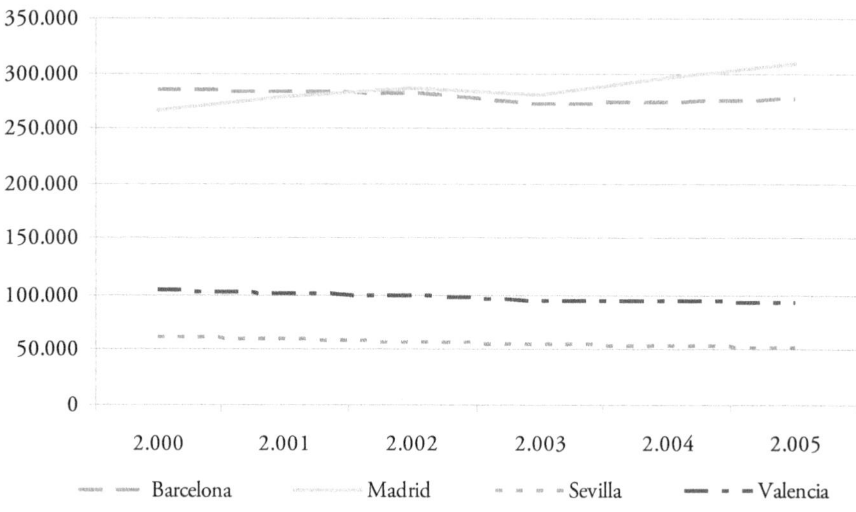

Figura 5. Parque de furgonetas (2000-2005). Fuente: DGT.

El índice del comercio al detall refleja también una inestabilidad en el volumen de ventas a lo largo del año, con dos puntas claramente diferenciables. La más importante se da en el mes de diciembre, cuando la población hace la mayor parte de los grandes gastos de Navidad y Año Nuevo. Luego, se da una punta menor coincidiendo con las vacaciones de verano, época en que los desembolsos de las familias aumentan de forma considerable. Esta circunstancia desemboca en un desequilibrio estacional de la demanda, lo cual provoca unas necesidades de aprovisionamiento añadidas en estos períodos.

Hay que destacar que el alto precio del suelo en las zonas urbanas contribuye a que las tiendas reduzcan la superficie de almacenamiento en beneficio de la superficie de venta, lo cual acentúa la necesidad de aumentar la frecuencia de los envíos semanales y eleva el volumen de tránsito de mercancías en la ciudad.

El parque de vehículos

- **Furgonetas**

  Dada la configuración de las calles de las zonas urbanas, el tipo de distribución y las restricciones municipales, los vehículos empleados para realizar la distribución urbana tienen que ser ágiles y no pueden rebasar un peso máximo autorizado. Estos factores explican que las furgonetas y los camiones ligeros sean los vehículos más utilizados por los proveedores de las tiendas y otras empresas situadas en ámbitos urbanos.

  En los últimos años, el parque de furgonetas en las ciudades de mayor población ha tendido a mantenerse estable o a decrecer, excepto en la ciudad de Madrid, donde el parque ha crecido (ritmo anual del 3,1 % en el período 2000-2005).

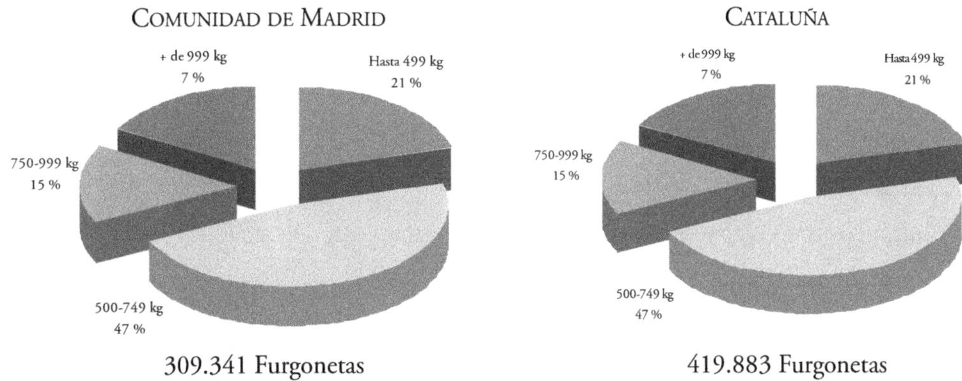

Figura 6. Parque de furgonetas según carga (2005). Fuente: DGT.

Como se ve en la figura 6, en la Comunidad de Madrid y en Cataluña casi un 50 % de las furgonetas utilizadas son de tamaño mediano (de 500 a 749 kg de MMA). Este tipo de vehículo se adapta mejor a las cargas y permite circular con más agilidad por las calles de la ciudad. El 50 % restante se reparte entre furgonetas más ligeras y más pesadas.

Cabe destacar que, en Cataluña, el 66 % de las furgonetas están en la provincia de Barcelona, lo cual se explica por la densidad del tejido urbano.

- **Camiones**
  Si examinamos el parque de camiones, veremos que su mayor parte (entre el 60 y el 70 %) son de gran tonelaje, es decir, son los que se emplean para la logística de larga distancia. Se sitúan en segundo lugar, entre los más habituales, los camiones ligeros; no alcanzan los 1.000 kg de MMA, son más ágiles para circular por calles estrechas,

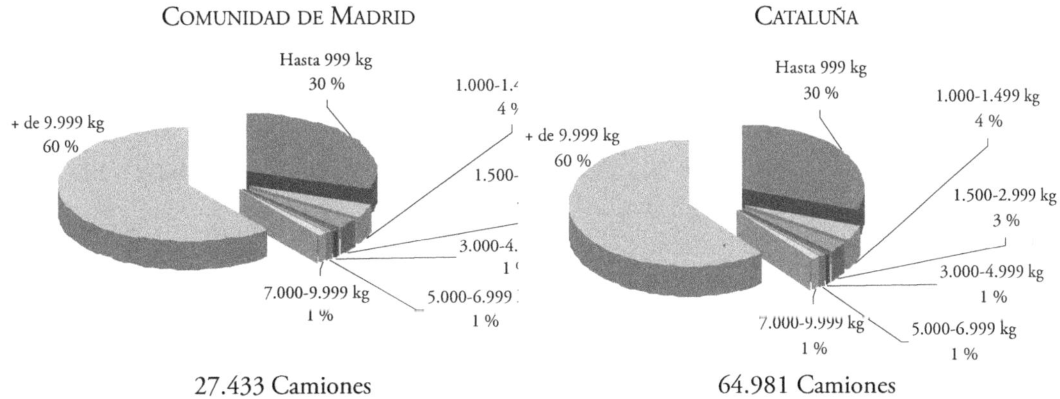

Figura 7. Parque de camiones en las comunidades autónomas de Madrid y Cataluña. Fuente: DGT

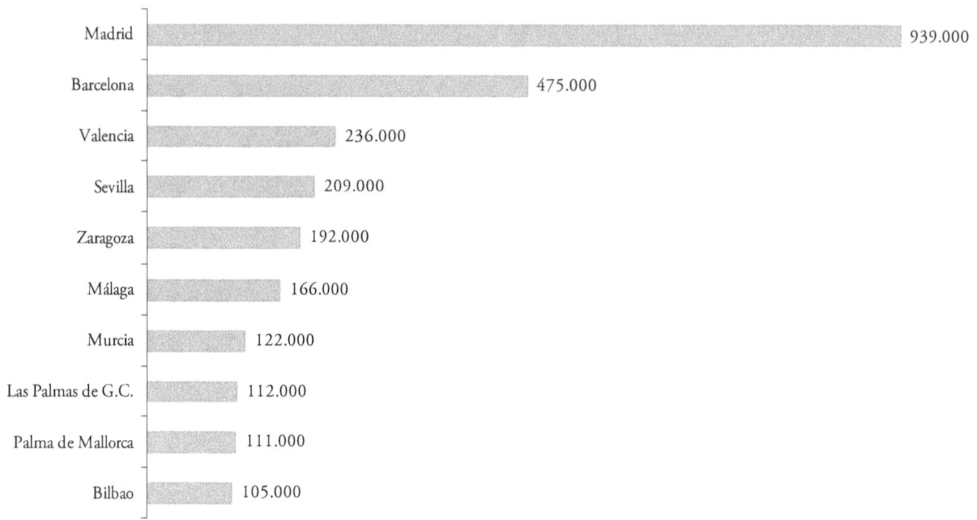

Figura 8. Desplazamientos diarios de mercancías en diferentes ciudades españolas (2005). Fuente: El Vigía.

afectan menos al tránsito y resultan más económicos (son especialmente adecuados para empresas pequeñas que no realizan una gran distribución). Los camiones de tamaño mediano no son de uso tan generalizado porque tienen una funcionalidad más concreta (distribución desde el origen lejano, grandes bultos, gran distribución, etc.).

Número de desplazamientos

Según antes hemos comentado, las ciudades de mayor población son las que encabezan la clasificación de desplazamientos por día (véase la figura 8).

Uno de los datos más sorprendentes, que pone de manifiesto el largo camino que falta por recorrer para optimizar los flujos en el ámbito urbano, es el porcentaje de los viajes en vacío. Según la encuesta permanente de transporte de mercancías por carretera que publica anualmente el Ministerio de Fomento, el porcentaje de los viajes en vacío en los trayectos intramunicipales e intermunicipales de una misma comunidad representan cerca del 50 %. En los viajes entre comunidades autónomas y en los de carácter internacional, el porcentaje es más bajo, situándose en el 30 %.

El caso de Barcelona

Barcelona es la gran concentración urbana de Cataluña. Hay en ella más de un millón y medio de personas en 100 km², y cuenta con una estructura comercial muy activa. Tienen

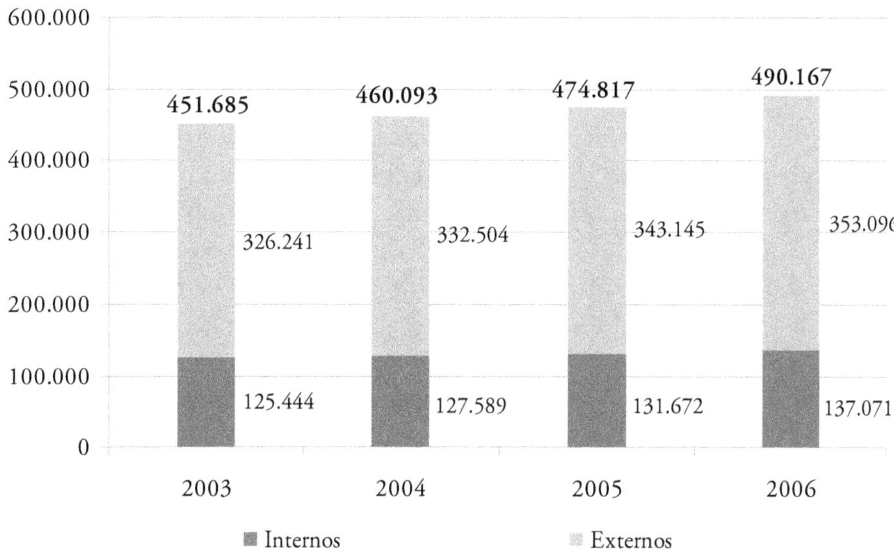

Figura 9. Desplazamientos de vehículos de mercancías en Barcelona. Fuente: Ayuntamiento de Barcelona.

lugar diariamente 475.000 movimientos de transporte de mercancías, y esto representa cerca de 72.000 vehículos de carga dentro de la ciudad (53 % del tránsito interno), resultantes, por lo general, de la entrada de vehículos de las poblaciones de los alrededores (72 % de los desplazamientos totales). Esta cifra ha aumentado a un ritmo del 3,2 % anual en los últimos cinco años.

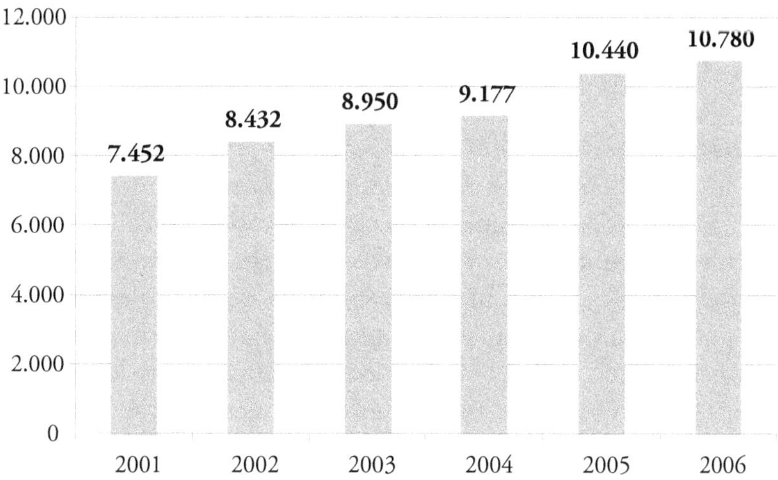

Figura 10. Oferta de plazas de estacionamiento para la carga/descarga en Barcelona.
Fuente: Ayuntamiento de Barcelona.

Número de zonas de carga/descarga habilitadas

Las zonas de carga y descarga son un buen indicador para calibrar la importancia de la distribución urbana de mercancías en una ciudad, dado que son las zonas habilitadas dentro de la misma para que las empresas puedan realizar la tarea mencionada.

En el marco de una política orientada a regular la movilidad a partir de la utilización especializada de los empleos de la calzada, en Barcelona se ha apostado claramente por aumentar el número de zonas dedicadas a la carga y descarga de mercancías (han aumentado en un 45 % en los últimos cinco años). Esta acción se ha llevado a cabo, entre otras razones, porque las descargas fuera de las zonas habilitadas provocan una reducción de la capacidad de la vía y, por tanto, un entorpecimiento del tránsito.

1.4 Las nuevas herramientas para la gestión y planificación de la movilidad

A día de hoy, no existe una legislación de carácter estatal que regule la movilidad en su conjunto, sino que, como se verá más adelante, es tratada parcialmente por diferentes instrumentos legales que la regulan en mayor o menor medida. Sí existe, sin embargo, una voluntad de marcar en España una estrategia en cuestiones de movilidad sostenible, tal y como muestra el borrador publicado el 15 de enero de 2009 por el Ministerio de Medio Ambiente. La estrategia de este ministerio se divide en cinco grandes áreas de análisis para las que se establecen los siguientes objetivos:

- *Territorio, planificación del transporte y sus infraestructuras.* Mejorar la integración de la planificación territorial y urbanística con la de transporte. Alcanzar unos niveles de accesibilidad adecuados y razonablemente homogéneos en todo el territorio, impulsar el desarrollo económico y la competitividad, y reequilibrar el actual reparto modal.
- *Cambio climático y reducción de la dependencia energética.* Contribuir a la reducción necesaria del porcentaje de las emisiones procedentes del sector del transporte.
- *Calidad del aire y ruido.* Conseguir la mejora de la calidad del aire, en especial en el ámbito urbano, mediante la disminución de los niveles de concentración de los contaminantes atmosféricos, así como evitar la superación de los estándares de ruido.
- *Seguridad y salud.* Mejorar de manera integral la seguridad en todos los modos de transporte, reduciendo el riesgo de accidentes y aumentando la protección de las personas, los bienes transportados y las instalaciones del transporte frente a actuaciones ilícitas.
- *Gestión de la demanda.* Área de trabajo transversal que está al servicio de gran parte de los restantes ámbitos de estudio. Su objetivo es racionalizar la demanda en la utilización de los diferentes modos de transporte.

Cada una de las áreas de análisis tiene asociadas también unas directrices generales dirigidas a conseguir el cumplimiento de los objetivos marcados. Entre éstas, y en lo referente a distribución urbana de mercancías, cabe destacar las siguientes:

- Integrar la movilidad sostenible en la ordenación del territorio y en la planificación urbanística, desarrollando los mecanismos de coordinación y cooperación administrativa necesarios, especialmente en los ámbitos urbanos.
- Promover un urbanismo de proximidad, que facilite el uso de los medios de transporte alternativos al automóvil, y potencie el espacio público multifuncional.
- Nueva dirección de la innovación tecnológica, que apueste sobre todo por la reducción de la potencia, la velocidad y el peso de los vehículos, y la introducción del conocimiento en la gestión de la movilidad sostenible.
- Evaluación de la calidad del aire.
- Elaboración y ejecución de planes de acción en materia de ruido ambiental.

Como introducíamos anteriormente, en lo referente a legislación, es importante destacar a escala estatal la presencia de leyes que, sin ser directamente reguladoras de la movilidad, han ejercido en los últimos años su influencia sobre ella. Es el caso de:

- Ley 11/1999, de 21 de abril, Reguladora de las Bases de Régimen Local.
- Ley 19/2001, de 19 de diciembre, Reforma de la Ley de Tráfico, circulación de vehículos a motor y seguridad vial.
- Ley 16/1987, de 30 de julio, de Ordenación de los Transportes Terrestres (LOTT).

En el apartado de las competencias, existe un reparto en materia de transporte entre los diferentes ámbitos: estatal, autonómico y local. En el ámbito urbano, son los municipios los que, de acuerdo con la legislación estatal y autonómica correspondiente, tienen las competencias en materia de ordenación del tráfico, planificación urbanística, prestación del servicio de transporte público y protección del medio ambiente. En los últimos años, en las comunidades autónomas españolas se han desarrollado diferentes herramientas relacionadas en mayor o menor medida con la movilidad de mercancías en el ámbito urbano. Es el caso del Plan Director del Transporte Sostenible del País Vasco (2002), que muestra la estrategia de dicha comunidad en materia de transporte.

Cabe destacar que fue en el año 2003 cuando apareció en España la primera legislación estrictamente vinculada a la gestión de la movilidad, que fue desarrollada en el ámbito de la comunidad autónoma de Cataluña (Ley 9/2003 de 13 de junio, de la movilidad de la Generalitat de Catalunya). Dicha iniciativa, de la cual se detallan las principales características a continuación, constituyó el primer paso en la regulación de la movilidad por un marco legal específico, hecho que contribuyó a mejorar la gestión eficiente, entre otros segmentos de la movilidad, de la distribución urbana de mercancías.

Caso de análisis: Ley de la Movilidad de Cataluña

En la Ley de la Movilidad de Cataluña, se establecen los principios y los objetivos a los que tiene que responder una gestión de la movilidad de las personas y del transporte de mercancías orientada hacia la sostenibilidad y la seguridad, los instrumentos necesarios para que la sociedad alcance los citados objetivos y para garantizar a todos los ciudadanos una accesibilidad por medios sostenibles.

Entre los principios inspiradores de esta ley, los que están relacionados con las mercancías se refieren principalmente a:

- La organización de un sistema sostenible de distribución de mercancías.
- La prioridad de los medios de transporte, tanto de personas como de mercancías, de menor coste social y ambiental.
- La distribución adecuada de los costes de implantación y de gestión del transporte.
- La adecuación a las políticas comunitarias en esta materia.
- El fomento del desarrollo urbano sostenible y la utilización racional del territorio.
- El cumplimiento de los tratados internacionales vigentes relativos a la preservación del clima en lo que concierne a la movilidad.

Dicha ley especifica veintitrés objetivos relativos a la buena gestión de la movilidad; todos ellos están regidos por los principios inspiradores de la ley misma. Las principales características de estos objetivos se resumen en:

- **Modelo territorial**
  - Vincular las decisiones urbanísticas a los estudios de movilidad.
  - Minimizar la movilidad obligada.
  - Prever las necesidades del transporte público.

- **Costes y externalidades**
  - Equiparar transporte público y privado en lo que se refiere a los costes de producción y utilización de los sistemas, y adecuar progresivamente el sistema de tasas y tarifas directas que recaen en la movilidad a un esquema que integre las externalidades.
  - Reducir las emisiones de gases de efecto invernadero.

- **Alternativas del transporte**
  - Incorporar modelos no motorizados a las políticas de movilidad.
  - Estimular el uso eficiente de los vehículos.
  - Fomentar la intermodalidad en el transporte de mercancías.

- **Niveles de seguridad**
  - Promover la educación ciudadana.
  - Atender a las personas con movilidad reducida.

- **Gestión de la movilidad**
  - Fomentar el empleo de nuevas tecnologías.

Además, la Ley de la Movilidad prevé los instrumentos siguientes, tanto de planificación como de seguimiento y control:

Instrumentos de planificación

Deben concretar, para el ámbito territorial que les corresponda en cada caso, los objetivos de movilidad de esta ley mediante el establecimiento de directrices, objetivos temporales, propuestas operativas e instrumentos de control. La Ley de la Movilidad establece los siguientes instrumentos de planificación:

- **Directrices de movilidad**
  Constituyen el marco orientador para la aplicación de los objetivos de movilidad de esta ley por medio del establecimiento de orientaciones, criterios, objetivos temporales, etc. El ámbito de aplicación de las directrices de la movilidad es el territorio entero de Cataluña, y tienen la naturaleza de plan territorial sectorial.
  Las directrices para la movilidad se estructuran en:

  - Movilidad cotidiana de viajeros.
  - Movilidad no cotidiana de viajeros.
  - Distribución urbana de mercancías.
  - Logística y transporte de mercancías de largo recorrido y de paso.

  En el apartado dedicado a la distribución urbana de mercancías, destacan los objetivos siguientes:

  - Análisis del mercado de la distribución urbana de mercancías y prospectiva.
  - Clasificación de las diferentes zonas urbanas que tengan similares características de distribución urbana de mercancías.
  - Búsqueda de buenas prácticas en el campo de la distribución urbana de mercancías y valoración de su aplicación en Cataluña.
  - Definición de los ámbitos de actuación y de su tipología.
  - Definición de objetivos estratégicos.

    – Propuesta de un programa de actuaciones.

    – Definición de la herramienta de evaluación de las políticas de movilidad.

- **Planes directores**

  Tienen por objetivo el desarrollo territorializado de las directrices de la movilidad. El proceso de elaboración y tramitación de los planes directores de la movilidad debe establecerse por medio de un reglamento que garantice la participación de las entidades locales afectadas, de los organismos y las entidades representativas en el ámbito de la movilidad y de los departamentos de la Generalitat cuyas competencias pueden verse afectadas.

- **Planes de movilidad urbana**

  Constituyen el documento básico para configurar las estrategias de movilidad sostenible de los municipios de Cataluña. El ámbito territorial de los planes de movilidad urbana es el del municipio o, con el correspondiente acuerdo entre los ayuntamientos, el de diversos municipios dotados de esquemas de movilidad independientes, tanto si configuran un área urbana continua como si no es así. La elaboración y aprobación de los planes de movilidad urbana son obligatorias para los municipios que, en conformidad con la normativa de régimen local o el correspondiente plan director de movilidad, deban prestar un servicio de transporte colectivo urbano de viajeros.

- **Planes específicos**

  De carácter transversal, tienen por objetivo el desarrollo sectorializado de las directrices de la movilidad, tanto en el caso de personas como en el de mercancías. En los planes específicos deben participar los entes locales afectados y los organismos y entidades representativos en el ámbito de la movilidad.

Instrumentos de evaluación y seguimiento

Tienen las funciones de evaluar los instrumentos de planificación y analizar los defectos que puedan darse cuando se apliquen. La Ley de la Movilidad establece los siguientes instrumentos de evaluación y seguimiento:

- **El Observatorio Catalán de la Movilidad**

  Se configura como un instrumento de recogida y difusión de la información más relevante en materia de movilidad y de su grado de sostenibilidad. Los datos que recoge se hacen públicos y deben figurar agregados, para Cataluña, y territorializados para los ámbitos definidos en las directrices de la movilidad; además, deben referirse a los indicadores de movilidad, a los servicios públicos de transporte, a las cuentas del transporte y a las informaciones ya disponibles en otros observatorios u organismos integrantes del Sistema Estadístico de Cataluña.

- **Los indicadores establecidos por los instrumentos mismos de planificación**
  Deben cubrir las siguientes categorías:

  - Accesibilidad.
  - Impacto ambiental.
  - Emisiones de gases de efecto invernadero.
  - Impacto sonoro.
  - Seguridad.
  - Costes sociales y eficiencia de los sistemas.
  - Capacidad, oferta y demanda.
  - Calidad del servicio.
  - Consumo energético.
  - Intermodalidad.

- **Los estudios de viabilidad**
  Sirven para evaluar el impacto que comporta la creación y modificación de una infraestructura o un servicio de transporte, tanto desde el punto de vista de la oferta y la demanda como desde las perspectivas económicas financieras, ambientales, de seguridad y funcionales.

  - *Los planes directores de movilidad y los planes de movilidad urbanos* deben disponer de un estudio de viabilidad que contenga, para cada nueva infraestructura de transporte prevista, la evaluación de la demanda, el análisis de los costes de implantación y amortización y de los costes y los ingresos de operación y mantenimiento; la valoración de las posibles afectaciones medioambientales y de los costes sociales, y un análisis de funcionalidad que garantice la eficacia, ergonomía y seguridad del sistema.

- **Evaluación estratégica ambiental**
  Los instrumentos de planificación de la Ley de la Movilidad deben someterse a una evaluación estratégica y ambiental, de acuerdo con el Departamento de Medio Ambiente y según lo que establece la legislación comunitaria.

- **Los estudios de evaluación de la movilidad generada y de las condiciones de seguridad**
  Evalúan el aumento potencial de los desplazamientos provocado por una nueva planificación o una nueva implantación de actividades, y la capacidad de absorción de

los servicios viarios y los sistemas de transporte, incluyendo los sistemas de transporte de impacto bajo o nulo, tales como los desplazamientos en bicicleta y a pie. Este estudio debe quedar integrado, al menos, en los planes territoriales de equipamientos o servicios, en los planes directores, en los planes de ordenación municipal o instrumentos equivalentes, y en los proyectos de nuevas instalaciones que se determinen por reglamento. Por último, deben someterse a la información pública junto con el plan o el proyecto de que se trate, y han de estar sujetos a informe por parte de la autoridad territorial de la movilidad.

1.5 *La planificación urbanística comercial como instrumento de mejora de la movilidad urbana*

Se entiende por *planificación comercial* «el proceso mediante el cual se analizan y establecen los objetivos orientados a alcanzar un nivel de equipamiento comercial equilibrado entre las distintas formas de distribución, para así satisfacer las necesidades de compra del consumidor en un ámbito territorial determinado».

Como veremos más adelante, la distribución urbana de mercancías es un segmento de la movilidad que se origina en una demanda de servicios logísticos por parte de diversos agentes entre los que destaca el comercio, que es el eslabón final de la mayor parte de las cadenas logísticas y que, además, garantiza el suministro de los bienes de consumo a la población.

El comercio es generador de desplazamientos y, por tanto, la planificación de su implantación y dimensionamiento en el territorio tiene una influencia capital en la optimización de la movilidad. Los desplazamientos pueden responder a una de estas dos tipologías:

	Superficie (m²)	*Modo de acceso del consumidor*	*Vehículo de aprovisionamiento*	*Frecuencia de aprovisionamiento*
Hipermercado	> 2.500			
Supermercado grande	1.000 - 2.500			
Supermercado pequeño-mediano	100 - 1.000			
Comercio tradicional	< 100			

Tabla 4. Tipologías de comercio y escenario de la movilidad. Fuente: elaboración propia.

— *Los desplazamientos del transporte de mercancías por parte de los proveedores* (fabricante, operador logístico o transportista).
— *Los desplazamientos de los consumidores,* cuyo comportamiento variará según se trate de comercio de proximidad (comercio tradicional o supermercado) o aislado (gran superficie).

Las tipologías de comercio de una zona determinan, pues, el escenario de la movilidad y, por tanto, el modo de los consumidores de acceder a ella, el tipo de vehículo utilizado para los aprovisionamientos, la frecuencia del aprovisionamiento, etc.

En España, las comunidades autónomas se valen de instrumentos de ordenación espacial de las estructuras comerciales, verificando que la implantación de los grandes establecimientos comerciales se adecua a las previsiones de la planificación comercial en el respectivo territorio autonómico. Actualmente, las comunidades autónomas que cuentan con normas específicas relativas a la planificación de las estructuras comerciales son las siguientes:

— *Aragón:* Decreto 171/2005, de 6 de septiembre, por el que se aprueba la primera revisión del Plan General para el Equipamiento Comercial, en cuyo desarrollo se podrán dictar planes locales, estratégicos y de reducción del impacto comercial. Y el Decreto 172/2005, de 6 de septiembre, por el que se aprueba el Plan de Ordenación de los Equipamientos Comerciales en Gran Superficie.
— *Canarias:* Decreto 232/2005, de 27 de diciembre, por el que se regula el procedimiento de concesión de la licencia comercial específica y se establecen los criterios generales de equipamiento comercial.
— *Cantabria:* Ley 8/2006, de 27 de junio, de Estructuras Comerciales.
— *Castilla y León:* Decreto 104/2005, de 29 de diciembre, por el que se aprueba el Plan Regional de Ámbito Sectorial de Equipamiento Comercial.
— *Cataluña:* Ley 18/2005, de 27 de diciembre, de Equipamientos Comerciales; Decreto 378/2006, de 10 de octubre; y el Decreto 379/2006, de 10 de octubre, por el que se aprueba el Plan Territorial Sectorial de Equipamientos Comerciales.
— *Región de Murcia:* Ley 11/2006, de 22 de diciembre, de Régimen del Comercio Minorista y Plan de Equipamientos Comerciales.
— *Navarra:* Decreto Foral 150/2004, de 29 de marzo, por el que se aprueba el reglamento del Modelo Territorial de Grandes Establecimientos Comerciales.
— *País Vasco:* Decreto 262/2004, de 21 de diciembre, por el que se aprueba definitivamente el Plan Territorial Sectorial de Creación Pública de Suelo para Actividades Económicas y de Equipamientos Comerciales.
— *Principado de Asturias:* Decreto 137/2005, de 15 de diciembre, por el que se aprueban definitivamente las directrices sectoriales de equipamiento comercial.

– *Andalucía:* Decreto 208/2007, de 17 de julio, por el que se aprueba el Plan Andaluz de Orientación Comercial 2007-2010. En él se regulan los criterios de valoración y el sistema de evaluación de las solicitudes de licencia comercial de grandes establecimientos comerciales.

Dada la relación existente entre el desarrollo de zonas comerciales y el incremento de desplazamientos (de viajeros y mercancías), se hace necesario vincular la planificación comercial con la de la movilidad desde las primeras fases de la planificación urbanística. Cabe señalar en este sentido, como elemento innovador, que uno de los instrumentos contemplados por la Ley de Movilidad de Cataluña, el Decreto de Movilidad Generada, hace un esfuerzo en cuantificar los desplazamientos generados por los consumidores, con una ratio mínima para uso comercial de 50 viajes/100 m² de techo. En el ámbito de las mercancías, en cambio, el decreto no cuantifica los desplazamientos atraídos por la tarea de aprovisionamiento y se centra en el dimensionamiento en lo que se refiere a la operativa de carga/descarga de mercancías; en su artículo 6 expone las consideraciones siguientes:

1. Con el objeto de reducir las operaciones de carga y descarga, los locales comerciales deben destinar a ellas un mínimo del 10 % del techo en el interior del edificio o en terrenos edificables en el mismo solar, salvo si se trata de actividades comerciales que, por sus especiales características, justifiquen la ausencia de esta necesidad.
2. En el caso de estudios referidos a proyectos de establecimientos comerciales grandes o medianos:

   – Deben disponer de un muelle o espacio de carga de 3 x 8 m integrado en la instalación o en terrenos edificables del mismo solar, si la superficie de venta no supera los 1.300 m².
   – A partir de los 1.300 m² de superficie de venta, para los siguientes 5.000 m² deben disponer de un muelle adicional de las mismas características, y de otro por cada 10.000 m² adicionales.

3. En el caso de estudios de movilidad generada referidos a planes urbanísticos, establecen la necesidad de tomar en consideración que, para conseguir una distribución ágil y ordenada de las mercancías en el interior de los núcleos urbanos, se contemple para éstos las reservas siguientes de plazas de 3 x 8 m en la red viaria para carga y descarga de mercancías:

   – *Uso comercial:* una plaza por cada 1.000 m² de superficie de venta o una plaza por cada ocho establecimientos.
   – *Uso de oficinas:* una plaza por cada 2.000 m² de techo.

En este mismo sentido hay también, en las ordenanzas municipales, ejemplos de regulación de las zonas de carga y descarga para los establecimientos comerciales, con el objeto de proporcionar facilidades de operativa a los proveedores.

En definitiva, es necesario avanzar en la dirección de conseguir que la planificación territorial, la urbanística y la comercial progresen conjuntamente de modo coherente con la de la movilidad. Sólo de esta forma se podrá optimizar al máximo tanto la eficiencia de la operativa de aprovisionamiento (accesibilidad a las zonas comerciales, número adecuado de zonas de carga y descarga, metros cuadrados de almacén, etc.) como los desplazamientos por motivo de compra generados por la población.

2 Definición y tipología de agentes

La logística urbana se ha convertido, en los últimos años, en un factor decisivo para el desarrollo y la competitividad del tejido económico de una región. El fuerte aumento del volumen del tránsito en las ciudades, sumado a la fuerte presión urbanística y a la necesidad de preservar el medio ambiente, ha llevado a los organismos públicos a contemplar el conocimiento y la gestión optimizada de la movilidad urbana como una herramienta básica de competitividad de la ciudad.

En general, los desplazamientos urbanos de mercancías por motivos laborales se asimilan a tres motivaciones:

- **El movimiento de mercancías**
  La finalidad de este tipo de desplazamiento es, prioritariamente, el aprovisionamiento de puntos de venta, y constituye la fuente principal de la movilidad urbana.

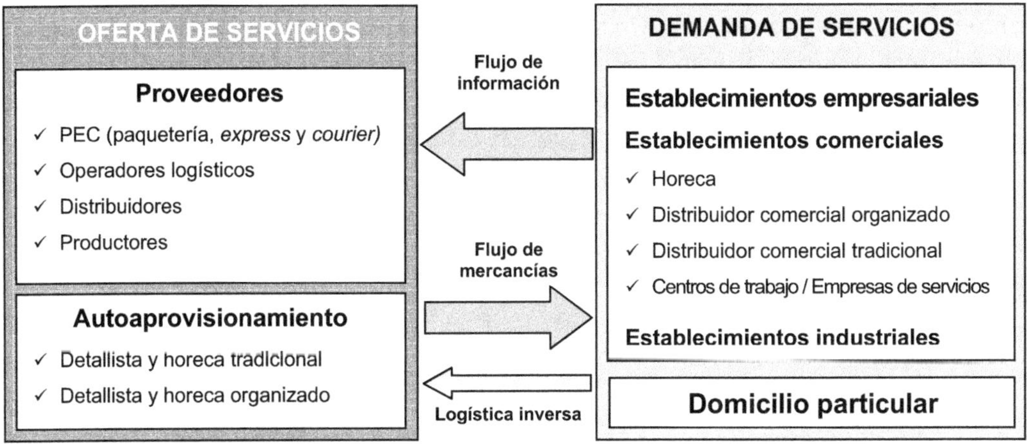

Figura 11. Definición y tipología de agentes. Fuente: elaboración propia.

- **La prestación de servicios**
  Los desplazamientos de este tipo no tienen como objetivo el movimiento de mercancías, sino la realización de tareas concretas como:

  - La *realización* o el *acondicionamiento de instalaciones* (telecomunicaciones, electricidad, fontanería); la necesidad de herramientas y de material de trabajo hace que el modo de transporte más utilizado por este colectivo sea la furgoneta.
  - Las *mudanzas*. El vehículo es, en este caso, de mayores dimensiones que en el caso anterior. El tamaño dependerá del servicio que se deba realizar.

- **Motivación comercial**
  La finalidad de estos movimientos es vender un producto, mantener reuniones de negocios, etc. En este caso, el vehículo utilizado suele ser un turismo o un vehículo mixto.

La distribución urbana de mercancías tiene como principales implicados a agentes que se reparten en dos grandes tipologías: los que demandan el servicio logístico (los establecimientos o los domicilios) y los que lo ofertan (los proveedores, los cuales, en función de la estructura de la empresa, pueden ser desde el productor mismo hasta el operador logístico).

2.1 *Agentes que configuran la oferta de servicios logísticos*

La oferta de servicios logísticos en la distribución urbana incluye un conjunto de agentes encargados de realizar el transporte en la última milla. Estos agentes tienen metodologías de trabajo diferentes, en función de los productos que transportan y del cliente final al que se dirigen.

Los agentes que desplazan mercancías dentro del espacio urbano se clasifican en dos grupos: los agentes *proveedores* y los agentes que practican el *autoaprovisionamiento*.

Se entiende que una demanda de servicios se dirige a *proveedores* cuando los medios de transporte y la gestión logística no pertenecen al mismo propietario del establecimiento comercial, o destinatario final. En este grupo se encuentran los agentes siguientes:

- Paquetería, *express* y *courier*.
- Operadores logísticos.
- Distribuidores.
- Productores.

El *autoaprovisionamiento*, en cambio, se da en los casos en que la estructura misma del establecimiento comercial transporta las mercancías. En este grupo, debido a las diferencias en la dimensión empresarial y, en definitiva, en la operativa de trabajo, hay que distinguir dos tipologías:

– Establecimientos detallistas tradicionales y canal horeca (sector comercial integrado por los establecimientos de hostelería, restauración y servicio de comidas).
– Establecimientos detallistas organizados (cadenas de establecimientos).

Agentes proveedores

• **PEC (paquetería,** *express* **y** *courier)*

Estos agentes transportan documentos y paquetes pequeños en servicios que pueden ser de hasta 24 horas, según el tipo de entrega pactado.

El sector está constituido por grandes empresas de ámbito multinacional y por un grupo numeroso de transportistas autónomos que, en general, trabajan subcontratados por esos grandes grupos multinacionales.

Los operadores de paquetería, *express* y *courier,* suelen atenerse al esquema logístico de la figura 11.

El proceso se inicia con la recogida de la mercancía, que tiene lugar ya sea en puntos de entrega distribuidos en la trama urbana, ya en una dirección especificada por el cliente del servicio. El horario de recogida puede ser hasta las 20 h., y la dimensión del encargo es pequeña, aunque variable (desde un documento hasta un palé). El tiempo empleado, tanto en la recogida como en el reparto, no suele exceder los cinco minutos. Posteriormente, las mercancías se llevan a los centros de consolidación, donde tiene lugar el grupaje adecuado para remitir los productos a sus destinos. Cabe destacar que los centros de este tipo (de consolidación y desconsolidación) suelen estar distribuidos por provincias, cerca de algún centro de consumo. Finalmente, el reparto suele hacerse por la mañana (varía en función del servicio, antes de las 10 h. o antes de las 13 h.) y las rutas cambian diariamente según los clientes.

Figura 12. Cadena logística tipo de los agentes de paquetería, express *y* courier. *Fuente: elaboración propia.*

Tanto en la recogida como en el reparto de las mercancías, que incluyen el eslabón urbano de la cadena, los vehículos utilizados pueden variar desde ciclomotores o turismos hasta furgonetas (< 3.500 kg de MMA).

Los principales puntos que definen la tipología del servicio ofertado, los cuales, en último término, determinan su operativa en el ámbito urbano, son éstos:

- El volumen de las mercancías que se reparten es pequeño y también lo es el tamaño de los paquetes.
- La ruta de un vehículo abarca un gran número de detenciones y entregas, y varía diariamente en función de los clientes.
- Las rutas de entrega y recogida son de corta distancia, y el tiempo empleado en cada una de ellas es muy breve.
- La operativa es sencilla: consiste en recoger, entregar y firmar el albarán.
- Los vehículos utilizados son pequeños (PMA < 3.500 kg de MMA).
- El reparto suele hacerse por la mañana.

La evolución global en el ámbito de los servicios de paquetería, *express* y *courier,* tiende hacia una concentración empresarial mediante la creación de fuertes grupos de alcance internacional. Las nuevas tecnologías acentúan cada vez más las posibilidades de optimizar las cargas y las rutas.

En cuanto al volumen de los pedidos, el desarrollo de las tecnologías de la información comporta una tendencia al decrecimiento de las entregas de documentación; con todo, es probable que el crecimiento constante del comercio electrónico lleve a un aumento de los pedidos de este tipo.

- **Operadores logísticos**

Los operadores logísticos prestan servicio a las empresas productoras que han optado por externalizar la logística de la empresa. El grado de externalización de la logística depende de cada empresa y puede incluir no sólo el transporte específico, sino también el

Figura 13. Cadena logística tipo de los operadores logísticos. Fuente: elaboración propia.

almacenamiento, la preparación de pedidos y, en algunos casos, otras actividades de valor añadido a las mercancías (etiquetaje, paletización, envasado, etc.).

Con este tipo de operadores, el producto no deja de ser propiedad del productor, y es el fabricante mismo el que lleva a cabo la actividad comercial y envía los pedidos al operador logístico, el cual adapta sus servicios a las particularidades de cada cliente (fabricante).

Los operadores logísticos suelen seguir el esquema logístico de la figura 12.

Ante todo, el fabricante se encarga de la *producción* y el posterior *almacenamiento* en el almacén central, que usualmente se encuentra en el mismo sitio que la factoría, y que abastece las plataformas de distribución repartidas por el territorio. El almacén central puede estar gestionado o no por el operador logístico.

Posteriormente, un transporte de larga distancia distribuye los productos a las plataformas regionales, a fin de que dispongan de las existencias necesarias para proveer a los polos de consumo más cercanos a cada plataforma. Por último, en el marco de la distribución urbana, se reparten los pedidos a los puntos de venta situados en el tejido urbano.

Los puntos clave que definen la operativa de los operadores logísticos en el ámbito urbano son:

- Los principales clientes de este servicio son la gran distribución comercial organizada (alimentación, ropa, artículos para el hogar, artículos de uso personal, etc.) y el canal horeca.
- Los volúmenes desplazados son de dimensión mediana y se reparten pedidos de tamaño mediano (50-100 kg, en el ámbito urbano).
- Tienen, para cada ruta, menos puntos de entrega que los operadores de paquetería, *express* y *courier*. Con todo, los puntos de distribución están menos concentrados y, por tanto, las rutas cubren distancias mayores.
- Las rutas se establecen semanalmente y los servicios son periódicos (su frecuencia varía en función del consumo y de las necesidades de los clientes).
- El tiempo para la entrega es más largo que el que emplean los operadores de paquetería, *express* y *courier*.
- Los vehículos utilizados son de tamaño mediano (5.000-20.000 kg de MMA).
- El servicio que ofrecen los operadores logísticos puede incluir servicios complementarios (almacenamiento, preparación de pedidos, gestión de devoluciones, *merchandising...*).
- El reparto suele hacerse por la mañana, aunque en determinadas épocas se hace también por la tarde.

Como ocurre con los operadores de paquetería, *express* y *courier*, hay una marcada tendencia a la concentración del mercado de operadores logísticos, con la creación de grandes empresas de ámbito internacional. Otro factor generalizado en el sector es la creciente tendencia a la subcontratación del transporte con autónomos.

• Distribuidores

El distribuidor es el agente de la cadena que adquiere (compra) productos de diversos fabricantes, los concentra en una plataforma y desde ella realiza su distribución comercial. En este caso, la gran diferencia con respecto al operador logístico es que el agente es propietario de la mercancía que distribuye.

El esquema logístico en el que se enmarcan los distribuidores aparece representado en la figura 13.

La cadena tiene su inicio en una serie de fabricantes que venden sus productos a los distribuidores. A partir de ahí, el distribuidor es quien se encarga de llevar a cabo las tareas comerciales orientadas a la venta de los productos que previamente ha comprado.

Estos agentes suelen dirigirse sobre todo a la distribución comercial organizada y al canal horeca. El horario de las entregas puede ser de mañana (desde la 6 h. hasta las 14 h.) y de tarde (entre las 16 h. y las 20 h.). Las rutas de entrega suelen mantenerse constantes semanalmente, aunque dependen de las necesidades de los clientes.

Los puntos clave que definen la operativa de los distribuidores en el ámbito urbano son:

– El distribuidor compra el producto al fabricante, lo almacena, gestiona y prepara los pedidos, transporta el producto y se ocupa de la facturación.
– Estos operadores tienen una fuerte implantación en el sector de la distribución de bebidas (están también presentes en otros sectores: farmacéutico, electrodomésticos, electrónica, muebles...).
– Desde el punto de vista del fabricante, los distribuidores se encargan a menudo de la distribución de los productos de los clientes que consumen menos o están situados en zonas alejadas de los núcleos urbanos.

Figura 14. Cadena logística tipo de los distribuidores. Fuente: elaboración propia.

- Operan tanto en preventa como en autoventa.
- El volumen de subcontratación del transporte no es tan considerable como con los otros operadores.
- Las entregas son de mediano volumen (50-100 kg), y el tamaño de los vehículos suele ser mediano y pequeño (desde 3.500 hasta 10.000 kg de MMA).
- Las rutas son largas y tienen muchos puntos de entrega, si bien se intenta minimizar las detenciones y realizar la distribución desde un punto único cuando se da una concentración de establecimientos.
- Los distribuidores, a menudo, no se limitan a hacer la entrega e incluyen otros servicios: albarán, *merchandising,* facturación e, incluso, según el producto, instalación (muebles, electrodomésticos, etc.).
- El tiempo que tardan en hacer la entrega es significativamente largo (entre quince y treinta minutos, y puede ser superior si los productos requieren instalación).
- La frecuencia de las entregas varía según el producto. En el caso de las bebidas, por ejemplo, puede ser semanal, mientras que en las farmacias del entorno metropolitano se llega hasta las cuatro entregas diarias.

El sector de los distribuidores tiende a la concentración de empresas y productos. Es decir: habrá cada vez menos empresas distribuidoras y comercializarán una mayor variedad de productos. Por otra parte, la adecuación de los vehículos a las características del reparto es también un factor que tenderá a generalizarse en el futuro.

• **Productores**

Pese a la tendencia generalizada a externalizar una parte de la actividad empresarial, y pese a la creciente diversificación de los servicios logísticos, hay fabricantes que distribuyen sus productos por medio de su propia estructura logística.

Son, básicamente, tres los factores que explican la existencia de fabricantes que controlan y realizan por sí mismos la distribución de sus productos:

- El fabricante quiere tener un control completo sobre la cadena de distribución.
- Su estructura es más eficiente que la ofrecida por los operadores externos.
- Son empresas que no han evolucionado junto con las tendencias a la externalización de la logística.

Éste es un sector muy heterogéneo en lo que se refiere al tipo de producto (bebidas, alimentación, electrodomésticos, muebles...). Con todo, el denominador común de la mayor parte de los fabricantes es el canal de comercialización concentrado en establecimientos de distribución comercial organizada y en el canal horeca.

Figura 15. Cadena logística tipo de los productores. Fuente: elaboración propia.

La cadena logística de los productores con distribución propia presenta el esquema de la figura 14.

Se parte del centro de producción, donde suele estar ubicado el almacén central de la factoría. Por medio de un transporte de larga distancia, que acostumbra a estar subcontratado a transportistas autónomos, se llega a los centros de distribución que la empresa productora tiene distribuidos como delegaciones comerciales cercanas a los principales centros de consumo. A partir de ahí, empieza el tramo de la distribución urbana de la cadena, el cual va desde la plataforma de distribución hasta el punto de venta.

Las principales características que definen la operativa de los productores en el ámbito urbano son:

- Las entregas son de dimensiones medianas (25-100 kg).
- Una característica que comparten también los fabricantes en su mayoría es que ofrecen una operativa que incluye todos los servicios: almacenamiento, venta, preparación de pedidos, consolidación de referencias y embalaje, transporte, facturación, etc. Además, es también característico que los pedidos puedan atenderse tanto en preventa como en autoventa.
- Hay que destacar que las entregas suelen hacerse en horario de mañana; sin embargo, esporádicamente, en épocas punta, se hacen por la tarde. Las rutas suelen tener una periodicidad semanal, aunque eso depende de las necesidades del cliente.
- El tiempo para realizar la entrega suele aproximarse a los quince minutos (esto varía, sin embargo, en función del producto).
- Las rutas son bastante fijas y largas (más de 50 km), porque incluyen muchos puntos de entrega.
- Debido a la heterogeneidad del sector, los tipos de vehículo utilizados para el reparto son también muy diversos (desde 3.500 hasta 20.000 kg de MMA).

La tendencia de cara al futuro es subcontratar la distribución (externalización) con operadores especializados que ofrecen cada vez más servicios a medida de las necesidades del cliente.

Autoaprovisionamiento

- **Establecimientos propios del detallista tradicional y canal horeca tradicional**

El autoaprovisionamiento del detallista tradicional y del canal horeca es una práctica muy común. La compra de parte de la mercancía o de toda suele hacerse en vehículo propio a mayoristas, mercados centrales o plataformas del tipo *cash and carry.*

Las principales características de este grupo de operadores son las siguientes:

- Normalmente, la frecuencia es una vez al día, por la mañana.
- El vehículo utilizado es de tamaño pequeño (< 3.500 kg de MMA), tipo turismo comercial o furgoneta.
- Las rutas suelen tener un solo origen y un solo destino.
- La mercancía puede almacenarse en el establecimiento mismo, o en un almacén cercano al punto de venta. En algunos casos se utiliza, incluso, el vehículo como almacén (productos frescos).
- Estos comerciantes-operadores topan con la dificultad de estacionar el vehículo una vez efectuada la descarga. Esto provoca que, a menudo, se utilicen las zonas de carga/descarga como estacionamiento permanente, y que el espacio de carga del vehículo se emplee como almacén.

- **Establecimientos detallistas organizados**

Las principales empresas de gran distribución comercial minorista (cadenas de tiendas de alimentación, equipamiento de la persona, equipamiento del hogar, etc.) han

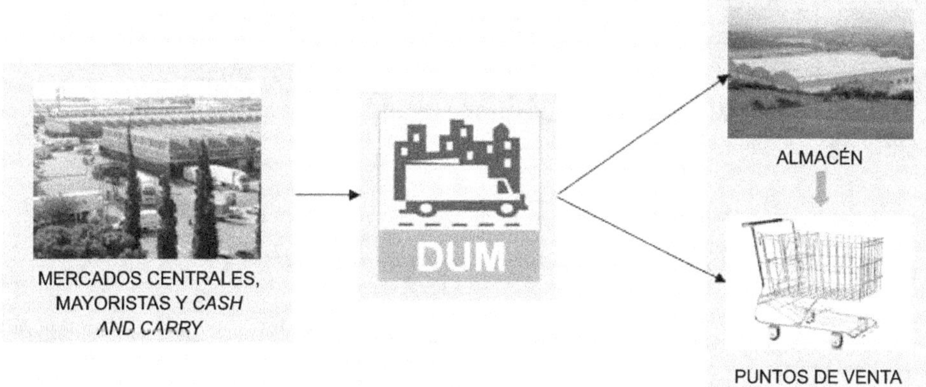

Figura 16. Cadena logística de autoaprovisionamiento del detallista y canal horeca tradicional.
Fuente: elaboración propia.

Figura 17. Cadena logística de autoaprovisionamiento de los detallistas organizados.
Fuente: elaboración propia.

desarrollado sus plataformas y ejercen un control total sobre la cadena de distribución a sus establecimientos comerciales. Cabe destacar, con todo, que, detrás de un esquema en el que la estructura de plataformas de distribución y de establecimientos pertenece a una misma empresa, se dan casos en que el transporte se subcontrata con autónomos, e incluso la gestión de la cadena puede ser externalizada a un operador logístico. A veces, algunos de estos operadores son creados especialmente a partir de la misma empresa productora para gestionar la logística de un determinado tipo de productos.

Los principales factores que definen a estos comerciantes-operadores son los siguientes:

- Las organizaciones de este tipo venden el producto, controlan la cadena logística y tienen plataformas de almacenamiento y distribución.
- Las entregas son de gran tamaño (> 1.000 kg), hasta el punto de ser frecuente que la carga transportada ocupe un camión entero.
- Dado que el volumen es considerable, el tiempo que se requiere para la operación de carga/descarga es largo, del orden de treinta minutos.
- Las entregas, normalmente, son diarias.
- Las rutas pueden tener un único origen y un único destino; en función del volumen y de la existencia de varios establecimientos de la misma organización, puede resultar habitual que haya tres o cuatro detenciones por ruta.
- Los vehículos utilizados son medianos y grandes (desde 6.000 kg de MMA hasta tráileres).

2.2   *Agentes que configuran la demanda de servicios logísticos*

El sector demandante de servicios logísticos en ámbitos urbanos incluye los puntos de destino final de la mercancía en la cadena logística. En una primera clasificación entre los sectores demandantes, hay que distinguir entre establecimientos empresariales y domicilios particulares.

Establecimientos empresariales

Entre estos establecimientos, distinguimos, por la diferencia de operativas y de función que tienen en la cadena, los propiamente comerciales y los de tipo industrial.

- **Establecimientos comerciales**

Diferenciamos, en este apartado:

- El canal horeca.
- La distribución comercial organizada:

    - Alimentación y supermercados.
    - Equipamiento de la persona.
    - Equipamiento del hogar.

- La distribución comercial tradicional.
- Los centros de trabajo y empresas de servicios.

Demanda de servicios logísticos				*PEC*	*Operadores logísticos*	*Distribuidores*	*Productores*	*Autoaprovisionamiento*
Establecimientos empresariales	Establecimientos comerciales	Canal horeca			×	×	×	×
		Distribución comercial	Organizada	Alimentación/ supermercados		×		×	×
				Equipamiento de la persona	×	×	×	×	×
				Equipamiento del hogar		×	×	×	×
			Tradicional				×	×	×
		Centros de trabajo			×				
	Establecimientos industriales					×		×	×
Domicilios particulares					×				×

Tabla 5. Principales sectores demandantes de servicios logísticos. Fuente: elaboración propia.

Canal horeca

Corresponde a los establecimientos de hostelería, restauración, bares, hoteles, pubes, etc. Es un sector dominado por empresas pequeñas y de carácter familiar, aunque cada vez más se desarrollan grupos que aglutinan cadenas de establecimientos.

Dado que la superficie de almacenamiento de estos establecimientos suele ser mínima, la reposición de productos debe hacerse más a menudo.

Hay que distinguir entre la operativa que llevan a cabo los operadores y la que se realiza mediante autoaprovisionamiento.

– Aprovisionamiento de los establecimientos horeca por medio de terceros

Los principales proveedores de estos establecimientos son los distribuidores, los operadores logísticos y, para determinados productos, el productor mismo con medios propios. La operativa presenta las siguientes características:

- Los vehículos utilizados para aprovisionar a los establecimientos de este tipo son de tamaño pequeño y mediano (3.500-10.000 kg de MMA). Los paquetes son de volumen mediano (50-100 kg).
- El servicio incluye la entrega, la carga del producto de retorno y la facturación.
- Los establecimientos horeca tienen recepción de mercancía una o dos veces por semana por cada proveedor. El horario de entrega suele ser de mañana, y la operativa acostumbra a durar unos quince minutos por establecimiento.

– Autoaprovisionamiento de los establecimientos horeca

La operativa de autoaprovisionamiento presenta las siguientes características:

- Se realiza en su mayor parte con vehículos pequeños (< 3.500 kg de MMA), sobre todo en el caso de los establecimientos tradicionales. Los paquetes son de volumen mediano (50-100 kg).
- El autoaprovisionamiento puede ser, en algunos casos, diario, generalmente por la mañana. Normalmente, el punto de compra es un *cash and carry* o un mercado mayorista. La operativa de carga y descarga no suele exceder los quince minutos.

El canal horeca ha experimentado, en los últimos años, un crecimiento importante debido a una mayor demanda de este tipo de servicio. La tendencia es que siga posicionándose como un importante segmento de consumo de productos alimentarios. Es probable que el crecimiento del sector lleve a un aumento de la importancia de los proveedores (en detrimento del autoaprovisionamiento), los cuales ofrecerán un abanico de productos cada vez más amplio y, en definitiva, constituirán un mercado más concentrado.

Distribución comercial organizada

El concepto de *distribución comercial organizada* es muy amplio e incluye diferentes tipologías de productos. Estas tipologías dan lugar a operativas diversas que se clasifican en tres grupos: alimentación y supermercados, equipamiento de la persona y equipamiento del hogar.

— *Alimentación y supermercados*

El sector de la distribución comercial organizada está dominado por grandes grupos empresariales dedicados a la distribución detallista, la cual ha experimentado, en estos últimos años, una concentración empresarial.

En este sector domina el autoaprovisionamiento que llevan a cabo las empresas de distribución comercial desde sus plataformas hasta cada uno de los establecimientos de su cadena. Determinados productos, sin embargo, son distribuidos a los establecimientos por el fabricante mismo o por un operador logístico que trabaja para el fabricante.

En este caso, hay que distinguir también las características de los servicios realizados por los proveedores de los servicios de autoaprovisionamiento.

Proveedores
- El aprovisionamiento se realiza a través de operadores logísticos o de los medios del fabricante mismo.
- La dimensión del vehículo de transporte depende de las necesidades de entrega (3.500-20.000 kg de MMA).
- Los servicios que prestan los proveedores a un establecimiento de distribución comercial organizada consisten en la entrega, la firma del albarán y, en algún caso, servicios de *merchandising*.
- El aprovisionamiento suele ser diario en la franja horaria matutina, generalmente antes de las 10 h. La operativa puede durar entre quince y treinta minutos.

Autoaprovisionamiento
- El autoaprovisionamiento de los establecimientos de distribución comercial organizada se hace por medio de vehículos de volumen mediano y grande (superiores a 6 t e incluso, a veces, entre 20 y 40 t de MMA).
- El volumen descargado puede llegar a superar los 1.000 kg.
- Dependiendo del tipo de establecimiento, del consumo y del espacio destinado a almacenamiento, el transporte de producto duradero se hace una vez al día, mientras que el transporte de producto perecedero requiere más entregas.
- Este transporte se realiza a primeras horas de la mañana o de noche. La operativa no suele durar menos de treinta minutos.

- Algunas empresas, como Mercadona y Condis, han incorporado a su operativa el autoaprovisionamiento en horas valle (incluidas las nocturnas), debido al ahorro de tiempo y a la optimización de la cadena.

En general, el sector tiende a la concentración empresarial, y el supermercado de proximidad es el formato que ha ganado más cuota en los últimos años. La tendencia en este sector está marcada por un aumento del volumen de autoaprovisionamiento desde la plataforma de distribución, en detrimento de la llegada de distintos proveedores al punto de venta. Así pues, cada vez más los proveedores deben dirigirse a las plataformas logísticas de los grandes distribuidores comerciales, donde, por lo demás, tienen restringidas las ventanas horarias de entrega.

Un hecho destacable, que incide en las frecuencias de envío desde la plataforma hacia los establecimientos, es que el fuerte aumento del precio del suelo en las áreas urbanas ha llevado a una reducción considerable de la superficie de almacenamiento y, por ello, se acentúa la necesidad de una recepción diaria de productos.

— *Equipamiento de la persona*
Este grupo incluye los sectores textil, farmacéutico, la perfumería, etc. Los establecimientos de este sector trabajan con muy poca superficie de almacén y, por tanto, se acentúa su necesidad de recibir productos a diario.

Proveedores
Los proveedores de los establecimientos de distribución comercial organizada del sector del equipamiento de la persona son principalmente los operadores PEC, los distribuidores y los fabricantes que trabajan con medios propios.
- Los vehículos de trabajo son de bajo tonelaje (3.500 kg de MMA) y la operativa es silenciosa y rápida (inferior a cinco minutos).
- El servicio incluye la entrega y la firma del albarán.
- Las entregas son de pocos bultos (máximo cinco) y de poco peso (< 50 kg).
- La distribución es diaria, aunque el lunes suele ser el día con más actividad.

Autoaprovisionamiento
- El transporte se realiza con medios propios de la empresa propietaria de los establecimientos.
- Los vehículos son de tamaño mediano/grande (> 6.000 kg de MMA) y la operativa es larga (treinta minutos).
- Las entregas son pesadas (> 300 kg) y su frecuencia es variable.
- Algunas empresas, entre ellas Inditex, han adoptado la distribución nocturna como modalidad para abastecer sus establecimientos porque esto les permite tener preparados los lineales cuando entra el primer cliente en el establecimiento comercial.

– *Equipamiento del hogar*

Este sector incluye productos tales como muebles, electrodomésticos, etc., y por tanto, suele operar con productos de gran volumen.

Está dominado por empresas de dimensión mediana dedicadas a la distribución detallista.

Los establecimientos comerciales de este sector suelen tener una superficie de almacenamiento en el establecimiento comercial mismo, si bien hay una acentuada tendencia a que las tiendas sean lineales de exposición, siendo la mercancía enviada, finalmente, desde los centros de distribución. Esta tendencia se explica, en parte, por el encarecimiento del suelo urbano en el curso de los años recientes y por el considerable volumen de este tipo de productos.

Proveedores

El grupo de proveedores del sector del equipamiento del hogar está constituido por distribuidores, operadores logísticos y fabricantes que realizan ellos mismos el transporte de la mercancía.
- Los vehículos son de tamaño mediano (3.500-20.000 kg de MMA).
- Las remesas son de gran volumen (50-300 kg) y, por tanto, la operativa de carga y descarga es larga (treinta minutos).
- La frecuencia oscila entre una o dos entregas diarias.

Autoaprovisionamiento
- Los vehículos son de tamaño mediano y grande (> 6.000 kg de MMA).
- Las remesas son de gran volumen y mucho peso (> 300 kg), por lo cual la operativa de carga y descarga es larga (treinta minutos).
- El horario es variable, ya que depende de las necesidades del cliente. Suele hacerse, como mucho, una entrega diaria.

Distribución comercial tradicional

Este grupo de la demanda está constituido por pequeñas empresas del sector comercial que son a menudo de carácter familiar, por ejemplo, la tienda tradicional, una parada de mercado, etc.

Este grupo de establecimientos incluye todo tipo de sectores, y abarca desde los productos perecederos hasta el textil.

En general, estos establecimientos tienen un importante componente de autoaprovisionamiento por medio de mercados mayoristas o plataformas de tipo *cash and carry*. El autoaprovisionamiento puede ser diario, en función de las necesidades, y la operativa de carga/descarga no suele rebasar los quince minutos. Los vehículos utilizados para la misma suelen ser de pequeño tamaño (< 3.500 kg).

Aunque en menor medida, los distribuidores y los productores también suministran mercancías a estos establecimientos. Los agentes utilizan vehículos de tamaño pequeño y mediano (3.500-10.000 kg de MMA). El tiempo empleado en la operativa varía entre los quince y los treinta minutos, en función del grado de autoventa y preventa de cada proveedor.

En ambos casos, el aprovisionamiento tiene lugar en horario de mañana.

Centros de trabajo y empresas de servicios

La actividad comercial de las empresas incluidas en este sector de la demanda no corresponde a la venta de productos tangibles, sino a la venta de servicios intangibles. Forman parte de este grupo los despachos profesionales, bancos, agencias de viajes, compañías de seguros, etc.

Se trata de sectores de actividad que desplazan documentos y pequeña paquetería, o sea, productos de poco volumen y de consumo inmediato, sin requisitos de almacenamiento.

Sobra decir que los proveedores de este sector son los operadores del grupo PEC. Según hemos comentado en el apartado sobre los operadores, los productos de este tipo son repartidos por medio de vehículos pequeños (< 3.500 kg de MMA, e incluso de dos ruedas) que operan a cualquier hora del día y hacen detenciones muy breves (inferiores a cinco minutos), por lo cual no causan perturbaciones importantes en el tránsito.

• Establecimientos industriales

Tendencia a escala regional

En el curso de los últimos años, la estructura económica metropolitana ha experimentado, a escala regional y también internacional, un proceso de relocalización de sus actividades.

A escala regional, este proceso de relocalización ha consistido básicamente en la salida de la ciudad de las actividades más incompatibles con ella, consumidoras de suelo y con especiales necesidades de acceso desde las áreas urbanas más densificadas, hacia espacios en los que la oferta de suelo es más abundante y barata, pero en los que también es mayor la accesibilidad y donde se maximiza la eficiencia del funcionamiento de conjunto del sistema productivo. En consecuencia, la actividad ha tendido a extenderse sobre el conjunto del territorio, de modo que en la actualidad queda repartida de forma más homogénea entre los distintos municipios de una región.

En buena parte de las ciudades españolas, este proceso de relocalización ha hecho que las actividades industriales pierdan peso en los principales núcleos urbanos, quedando abandonadas las áreas que han dejado de ofrecer ventajas de localización, ya sea porque disponen de menos espacios adaptados a las necesidades específicas, ya porque la red de transporte está saturada y se han reducido las posibilidades de acceso.

Del citado proceso de relocalización hay que destacar, además, que el desplazamiento de las actividades industriales desde las ciudades principales hacia el resto del territorio se basa, desde la década de 1960, en el modelo de los polígonos industriales. Estas instalaciones disponen de más espacio, están concebidas especialmente para la actividad productiva que en ellas se instala, y se hallan ubicadas fuera de las tramas urbanas existentes. El mantenimiento, en las décadas siguientes, de la citada pauta de relocalización de las actividades industriales, que aprovechan las rentas diferenciales al mismo tiempo que liberan suelo dentro de las áreas urbanas más congestionadas, ha afectado sobre todo a los municipios más cercanos a las grandes áreas urbanas.

La distribución urbana de mercancías en ámbitos urbanos por actividades industriales

Pese a la tendencia señalada hacia la relocalización de la actividad industrial hacia zonas que ofrecen mejores condiciones de servicio y accesibilidad, hay todavía un número destacable de actividades situadas dentro de la trama urbana, las cuales, por tanto, interactúan a diario con la distribución urbana de mercancías.

Los citados establecimientos industriales generan diariamente una demanda tanto de aprovisionamiento de materia prima para llevar a cabo el proceso productivo como de distribución para entregar a sus clientes los productos fabricados.

El vehículo utilizado, en lo referente al aprovisionamiento y al reparto, es muy diverso (desde 3.500 hasta 20.000 kg de MMA). Esto se explica, en parte, por la gran heterogeneidad de los sectores industriales a los que se dirige este sistema de distribución.

Es preciso destacar que las entregas suelen hacerse en horario de mañana y con un alto grado de planificación. Las rutas de aprovisionamiento y las de distribución suelen tener una periodicidad semanal, aunque dependiendo de las necesidades de cada cadena.

• Domicilios (particulares)

La distribución de mercancías a domicilio tiene dos modos fundamentales de integrarse en la cadena de suministro:

- Eslabón adicional, que no se añade a la cadena logística hasta que la mercancía ha llegado al establecimiento comercial.
- Transporte de mercancías que no pasa por ningún establecimiento detallista sino que se realiza directamente desde un almacén o plataforma hasta el domicilio.

En ambos casos, el reparto a domicilio supone un fortalecimiento del impacto sobre la movilidad del carácter capilar de la distribución urbana de mercancías. Por un lado porque, según se ha dicho, puede convertirse en otro segmento en el transporte (trayec-

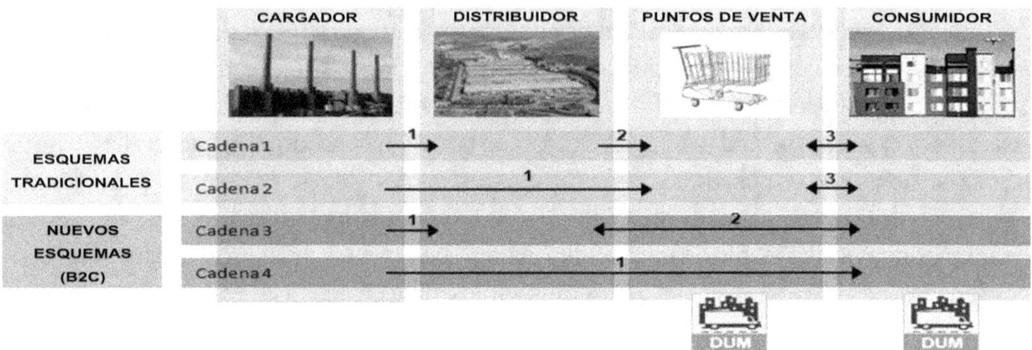

Figura 18. Cadenas logísticas a domicilio. Fuente: elaboración propia.

to desde el establecimiento hasta el domicilio); pero, sobre todo, porque este fenómeno convierte cualquier punto de la *ciudad* en un destino potencial de mercancías.

El origen de una distribución de mercancías a domicilio puede ser de dos tipos, en función de cómo se realiza el pedido:

- *Servicio a domicilio,* en el que la compra se lleva a cabo por medio de una llamada telefónica o de modo presencial en el establecimiento.
- *B2C (business to consumer),* o sea, el comercio electrónico de las empresas con los particulares. Este servicio tiene un elevado potencial y un gran recorrido a largo plazo en segmentos que cuentan con una gran distribución comercial organizada, por ejemplo, los supermercados y las cadenas de alimentación.

Conviene señalar que hay grandes diferencias entre el servicio tradicional a domicilio y la distribución comercial a través del *B2C*:

- El *B2C* requiere que un operario prepare el pedido, mientras que en el servicio a domicilio tradicional el pedido lo hace el cliente mismo al establecimiento.
- En el transporte *B2C* de la distribución comercial organizada hay dos estrategias:

  - El transporte se hace desde la plataforma central, externa al núcleo urbano.
  - El transporte se hace desde establecimientos que la cadena tiene en la ciudad.

Además de la distribución comentada, también se distribuyen a domicilio productos de gran volumen, por ejemplo, muebles y electrodomésticos. La distribución de estos productos incluye, en la mayoría de los casos, el servicio de instalación, lo cual comporta que la duración de la entrega se prolongue más en el tiempo (de treinta a sesenta minutos). El tamaño de los vehículos utilizados varía entre las furgonetas de 3.500 kg de MMA hasta los camiones medianos de 15.000 kg de MMA.

Parte II

La logística urbana, visión práctica

La optimización de los procesos de la logística urbana (circulación de mercancías, operativa de carga y descarga, entregas a domicilio, etc.) se ha convertido, en los últimos años, en un instrumento fundamental de las empresas orientado a garantizar la eficiencia y la fiabilidad de las cadenas logísticas en un entorno en el que, cada vez más, se tiende a la congestión y al aumento de los índices de contaminación (ambiental y acústica) en las ciudades.

Desde el punto de vista de las administraciones municipales, el funcionamiento y desarrollo correctos de la distribución urbana se sustentan en dos conceptos básicos que deben ir de la mano: la gestión y la infraestructura.

En cuanto a la gestión, la distribución urbana de mercancías supone que los ayuntamientos deben disponer de:

- **Estrategia normativa**
  Como cualquier actividad desarrollada en la vía pública, la distribución urbana de mercancías requiere una normativa que la regule y garantice su convivencia con otras actividades que tienen lugar diariamente en la trama urbana.

- **Estrategia de información**
  La información contribuye de modo notable a la optimización de la gestión de la distribución urbana de mercancías. Desde el punto de vista del agente público, la información ayuda a comunicar a los usuarios (agentes privados) cuál es la normativa que debe cumplirse (por medio de boletines informativos y de señalización).

  Respecto al agente privado, el desarrollo de las tecnologías de la información ha tenido un fuerte impacto en sus tareas diarias, lo cual ha contribuido a aumentar la eficiencia de su operativa.

  Hay que señalar, por último, que la información/comunicación entre agentes públicos y privados (concertación) es básica y necesaria para garantizar un marco futuro que responda a las necesidades de la ciudad y de los agentes privados que en ella operan.

- **Estrategia de seguimiento de la operativa**

  El seguimiento, tanto el policial como el que se lleva a cabo por medio de las nuevas tecnologías, garantiza el cumplimiento en la aplicación de las normativas.

- **Estrategia de gestión de la capacidad**

  El transporte de mercancías convive diariamente con el de pasajeros y, en concreto, con los vehículos privados utilizados masivamente por un elevado porcentaje de la población a determinadas horas del día. Esto hace que en las carreteras de acceso a las ciudades se produzcan frecuentes retenciones. La introducción de medidas de gestión destinadas a aprovechar mejor la capacidad de las vías de acceso a las ciudades podría contribuir de modo decisivo a una mejor ordenación del tránsito de pasajeros y mercancías en el conjunto de las franjas horarias disponibles.

- **Estrategia de sostenibilidad**

  En los últimos años, el volumen de mercancías desplazadas en ámbito urbano ha experimentado un importante crecimiento influido, en gran parte, por el aumento de la población y la mayor demanda de consumo. Este hecho ha contribuido a acentuar la congestión y a reducir la calidad del aire en los ámbitos urbanos. La in-

Tipo de estrategia	*Acción*	*Agente implicado*	
		Público	*Privado*
Normativa	Ordenanzas municipales.	×	
	Movilidad y planeamiento urbanístico.	×	
Informativa	Mapas de transporte de mercancías.	×	
	La tecnología como fuente de mejora de la información.	×	×
	Señalización.	×	
De seguimiento de la operativa	Disciplina viaria (control policial y sanción).	×	
	Cámaras de control de acceso.	×	
De gestión de la capacidad (de la red y del vehículo)	Entregas en horas valle (nocturnas o no).	×	×
	Tasas sobre la circulación urbana.	×	
	Regulación y restricción de accesos.	×	
	Aprovechamiento de la capacidad del vehículo.	×	×
De sostenibilidad	Vehículos con menos emisiones.	×	×
	Vehículos con menos impacto acústico.	×	×

Tabla 6. Acciones de gestión de la logística urbana. Fuente: elaboración propia.

Tipo de estrategia	Acción	Agente implicado	
		Público	Privado
Mejora y desarrollo de infraestructuras	Diseño/implantación de zonas de carga y descarga.	×	
	Centros de consolidación urbana.	×	×
	Optimización de entregas sin presencia del destinatario.	×	×

Tabla 7. Acciones de infraestructura de la logística urbana. Fuente: elaboración propia.

corporación de vehículos respetuosos con el medio ambiente puede contemplarse como un medio que ayudará, en los próximos años, a garantizar la sostenibilidad de la distribución urbana de mercancías.

- **Mejora y desarrollo de infraestructuras**
  En lo referente a la infraestructura, la distribución urbana de mercancías precisa de su mejora y desarrollo. Esta actividad, que genera diariamente en las ciudades miles de desplazamientos, requiere una infraestructura que la acoja y facilite la operativa a sus usuarios. Importan, pues, tanto las acciones que contribuyan a mejorar las infraestructuras actuales (zonas de carga y descarga, carriles o viales dedicados, etc.) como la búsqueda de nuevos modelos de funcionamiento que incorporen nuevas infraestructuras dedicadas (centros de consolidación urbana, consignas, etc.).

1 Estrategia normativa

1.1 Ordenanzas municipales

- **Descripción y objetivos**

La idea es realizar una actuación transversal que establezca una normativa reguladora de la distribución urbana de mercancías. Las ordenanzas son, de hecho, la expresión normativa de las «buenas prácticas» que deberían regir las actividades de los agentes implicados en la distribución urbana de mercancías.

El objetivo fundamental de las ordenanzas municipales en el ámbito de la logística urbana es recopilar en un texto las normas que regulan su funcionamiento, con objeto de formalizarlas jurídicamente y publicarlas para conocimiento de los agentes que intervienen en ella.

- **Ventajas e inconvenientes**

Entre las ventajas de la medida destacan éstas:

- El esfuerzo en la redacción de ordenanzas por parte de un municipio, enmarcadas en el contexto de la logística urbana, aporta la base para una mejora futura de la gestión municipal de la distribución urbana de mercancías.
- Las ordenanzas municipales constituyen el soporte legal del modo en que se regula la distribución urbana de mercancías desde la Administración pública.
- La confección o modificación de las ordenanzas permite la concertación con los agentes implicados, la cual favorece su cumplimiento.

Entre los inconvenientes de la medida destacan éstos:

- La potestad que tiene cada municipio de redactar sus propias ordenanzas genera a veces diferencias normativas notables entre municipios cercanos. Esto dificulta que los agentes proveedores de servicios logísticos conozcan las normas de la distribución urbana.
- Que las ordenanzas municipales describan de modo detallado cómo debe ser el funcionamiento de la distribución urbana de mercancías las convierte en documentos extensos, lo cual tiene un efecto disuasorio por lo que respecta a su lectura entre el público objetivo.

- **Recomendaciones**

- *Simplicidad y exhaustividad.* Las ordenanzas deben ser de fácil comprensión y no dejar de concretar nada para evitar la posibilidad de márgenes de interpretación según el criterio de los usuarios o de la policía municipal.
- *Concentración de la normativa.* En caso de producirse una dispersión de normas, es aconsejable reunirlas todas en un nuevo texto único.
- *Armonización en el ámbito supramunicipal.* Para facilitar la comprensión de la normativa, es muy aconsejable que haya una armonización a un mismo nivel funcional dentro, por ejemplo, de una misma área o región metropolitana. La diversidad de normas entre municipios dificulta mucho a los agentes el conocimiento a fondo de la normativa que aplica cada uno de ellos.
- *Concertación con los agentes implicados.* Es muy importante que, en la redacción o modificación de las ordenanzas, haya un proceso de concertación con todos los agentes implicados (transporte, comercio, vecinos y ayuntamiento) con el objeto de tomar en consideración las necesidades presentes y futuras que afecten a cada uno de ellos.

– *Difusión.* Después de aprobarse una normativa es necesario difundirla. Esta tarea puede llevarse a cabo de modo regulado (publicación y señalización) o mediante otros métodos como, por ejemplo, las reuniones explicativas con los agentes implicados. Sería deseable que se redactase un documento reducido que, a modo de resumen, informase sobre las normas básicas de obligado cumplimiento para los agentes que operen en un determinado ámbito (por ejemplo, el Área Metropolitana de Barcelona, AMB).

– Los contenidos de las normativas suelen ser de ámbito global y acostumbran a describir:

- Los vehículos autorizados para estacionar en la vía pública.
- Las delimitaciones existentes de pesos y dimensiones.
- La delimitación de los espacios en los que se permite la carga y descarga.
- Los usuarios autorizados para utilizar las zonas de carga y descarga expresamente señalizadas (horarios, tiempo máximo de estacionamiento, distintivos, etc.).
- El procedimiento operativo y administrativo para los servicios especiales (combustibles, mudanzas, etc.).
- La obligación de realizar las operaciones en el interior del local siempre y cuando éste reúna las condiciones adecuadas.
- La normativa relativa a los límites de las emisiones sonoras según el horario (ordenanza de sonidos y vibraciones).
- Las sanciones aplicables.

Figura 19. Muelle de carga y descarga en Venecia.

CASO 1. ORDENANZAS MUNICIPALES:

CONTROL DE CONTAMINACIÓN ACÚSTICA (CATALUÑA)

Objetivos	Asegurar la calidad de vida de los ciudadanos, de día y de noche. De noche, el principal objetivo de la ordenanza es asegurar el descanso de la población.
Descripción	*Ordenanza Municipal «Tipo» Reguladora del Ruido y las Vibraciones (ámbito de Cataluña):* fue aprobada en octubre de 1995 (DOGC 2126), y puede ser adoptada por los municipios íntegramente o adecuada a sus peculiaridades y necesidades. – Artículo 9. Valores guía de inmisión:

Sensibilidad acústica	*Inmisión en el ambiente exterior*		*Inmisión en el ambiente interior*	
	Período diurno	*Período nocturno*	*Período diurno*	*Período nocturno*
Zona A (alta)	60	50	30	25
Zona B (moderada)	65	55	35	30
Zona C (baja)	70	60	40	35

Nota. El período diurno es de 7 h. a 22 h., el nocturno de 22 h. a 7 h. (datos en decibelios).

– Sección III, trabajos en la vía pública y en la construcción (artículo 35): se prohíben las actividades de carga y descarga de mercancías, manipulación de cajas, contenedores, materiales de construcción y objetos similares entre las 22 h. y las 8 h., cuando estas operaciones rebasen los valores guía de inmisión establecidos por el artículo 9 y afecten zonas de viviendas o residenciales. Es preceptiva la autorización municipal expresa para las actividades que justifiquen técnicamente la imposibilidad de respetar los valores.

Tipo de regulación	*Ámbito*	*Nivel mín. inmisión**	*Nivel máx. inmisión**	*Horario prohibido c/d*	*Negociación*	*Comentario*
Ordenanza General del Medio Ambiente Urbano	Barcelona	50 dB(A)	65 dB(A)	22 h. a 7 h.	Modificación con autorización municipal.	Exige concienciación del personal por parte de los titulares.
Ordenanza de ruidos y vibraciones	Sant Feliu de Llobregat	45 dB(A)	50 dB(A)	21 h. a 8 h.	Terminantemente prohibido.	Exige cuidado en el resto de la jornada laboral y se excluyen las operaciones de recogida de basuras y reparto de productos alimenticios.
	Castellbisbal	50 dB(A)	60 dB(A)	21 h. a 8 h.	Autorización municipal si se demuestra la capacidad técnica de respetar los valores establecidos.	Excluidas actividades de servicio público, limpieza y recogida de basuras.
Ordenanza municipal reguladora de contaminación acústica	Sant Boi de Llobregat	35 dB(A)	60 dB(A)	22 h. a 7 h.	Terminantemente prohibido.	Excluidas tareas de servicio público y actividad en zona industrial.

*Que sea máximo o mínimo dependerá de la zona, coincidiendo normalmente el máximo con las zonas industriales.

ⓘ	Ayuntamiento de Barcelona (www.bcn.cat). Generalitat de Catalunya (www.gencat.cat).

CASO 2. CLEAN URBAN LOGISTICS EN VENECIA (ITALIA). MODIFICACIÓN NORMATIVA

Objetivos	Por medio de este proyecto, se persigue: – Crear un sistema de información accesible vía web para la gestión de los espacios de aparcamiento temporales y permanentes en los canales de Venecia. – Mejorar la eficiencia y efectividad en la gestión de los espacios de aparcamiento de barcas, temporales y permanentes, mediante la creación de un sistema de información a través de un sitio web que integra información administrativa (peticiones, autorizaciones, etc.) y aporta una ayuda a los reguladores de la circulación y del tránsito de barcas en el curso de situaciones ordinarias y extraordinarias. De este modo, se gestionan de forma controlada las plazas de aparcamiento y se consigue un impacto positivo en los flujos de tránsito en los canales de Venecia.
Descripción	Para la puesta en obra del proyecto, se sigue este proceso: – Análisis del uso actual de las embarcaciones. – Actualización de las restricciones en el uso de las embarcaciones para distintos tipos de barcas y según el horario. – Identificación de los embarcaderos que están destinados a carga y descarga en el horario fijado. – Identificación de los embarcaderos que pueden utilizarse temporalmente. – Gestión de los permisos para el uso temporal de los embarcaderos en el curso de trabajos de construcción y restauración. – Gestión/aprobación de normativas para regular el nuevo uso de los embarcaderos. – Desarrollo de un nuevo sistema de gestión del aparcamiento e integración con el resto de sistemas de información. El nuevo sistema de información para la gestión de los aparcamientos supone: – Reducir las posibilidades de conflicto entre barcas por el uso simultáneo del mismo embarcadero, dado que la reserva se hace por franjas horarias. – Reducir el tiempo de espera para la obtención de permisos de aparcamiento. – Eliminar las posibilidades de que el uso de embarcaderos temporales afecte negativamente a servicios importantes (por ejemplo, los de emergencia) y reducir las obstrucciones en el tránsito. – Permitir a los ciudadanos que usen barcas personales para negocios y las aparquen en los embarcaderos por períodos prolongables de dos horas. – Aportar información constante para que puedan planificarse medidas de control del tránsito de barcas y reducir, de este modo, las congestiones, el ruido y la contaminación.
ⓘ	Ayuntamiento de Venecia (www.comune.venezia.it). Civitas (www.civitas-initiative.org).

CASO 3. MEJORA DE LA DISTRIBUCIÓN URBANA DE MERCANCÍAS EN GÉNOVA (ITALIA). NORMATIVAS *AD HOC* POR ZONA

Objetivos	– El objetivo fundamental de esta medida es crear una alternativa al concepto de distribución de mercancías que tenga menos influencia en la vida de los ciudadanos y menos impacto ambiental. – Reducir las congestiones de tránsito y la contaminación generada por el flujo de mercancías. – Optimizar la recogida y el proceso de reparto mediante la participación directa de los agentes interesados.
Descripción	La medida se pone en práctica con una serie de iniciativas coordinadas y adaptables a las características y necesidades singulares del área que se quiere regular: – Creación de un «sistema de créditos de movilidad», por el cual se obliga a los vehículos de mercancías que quieren acceder a la zona regulada a pagar una determinada cantidad de «créditos». Éstos son distribuidos por la Administración pública entre todas las actividades económicas de la zona. – Construcción de uno o más almacenes de proximidad (en los que la pequeña mercancía puede ser almacenada temporalmente) para desalentar a los comerciantes de utilizar sus propios vehículos para transportar mercancías a los establecimientos. – Introducción de un servicio de furgonetas de uso compartido *(van-sharing)* dedicado al transporte de mercancías. – Elaboración de una normativa unitaria y específica para regular el acceso de vehículos comerciales a las áreas que tienen que ser reguladas. Los resultados que se esperan de esta medida son los siguientes: – Se prevé una reducción del tránsito de vehículos comerciales en el área regulada de entre el 15 y el 20 %. – Mejora de los niveles de congestión en las calles y reducción de emisiones contaminantes. – Implicación de los comerciantes que actualmente utilizan sus propios vehículos para el transporte de mercancías. – Beneficios económicos derivados de las nuevas normativas de acceso a las zonas controladas.
(i)	Ayuntamiento de Génova (www.comune.genova.ite). Civitas (www.civitas-initiative.org).

Caso 4. Prioridad para los «vehículos limpios» en Norwich (Reino Unido)

Objetivos	– Aumentar la proporción de vehículos destinados al transporte urbano de mercancías que cumplan unos niveles estándares predeterminados de emisiones. – Favorecer el trabajo de los operadores de mercancías que respeten los principios de tránsito urbano «limpio» para fomentar las «buenas prácticas» en el área de Norwich.

Descripción	*Fases completadas*
	– En un comienzo, el proyecto se centró en la determinación de los operadores de mercancías interesados. Esto ha supuesto:
	  - Crear un sitio web en el que se expone y explica el proyecto y publicar anuncios en las revistas especializadas en logística.
	  - Contactar con setecientos agentes implicados, tanto locales como nacionales, y sugerirles visitar el sitio web.
	  - Un formulario de respuesta para que los agentes implicados puedan expresar su opinión, sus intereses y sus sugerencias.
	– También se ha realizado un estudio de los carriles bus que hay en Norwich y se ha identificado una serie de puntos que deberían mejorarse.
	
	Fases por cubrir
	– Los vehículos destinados al transporte de mercancías que cumplan los estándares predeterminados para los «vehículos limpios» estarán autorizados a circular por los carriles del transporte colectivo. Se pondrá en marcha un proyecto de pruebas en una proporción todavía indeterminada de los carriles de transporte colectivo en zona urbana.
	– La asociación de comerciantes limitará el número de vehículos con permiso para usar los carriles con prioridad, si bien se calcula que la red actual de carriles bus tiene capacidad suficiente para la demanda de vehículos de mercancías de más de 7,5 t.
	– Los vehículos inferiores a 7,5 t se consideran ineficientes en consumo de combustible por zona de mercancía transportada y, por tanto, no podrán beneficiarse de esta medida.
	– Se llevará a cabo una identificación de las rutas estratégicas más utilizadas.
	
	Resultados esperados
	– Demostrar que la extensión del uso de los carriles prioritarios puede ayudar al sistema de transporte urbano de mercancías y también incentivar el uso de vehículos menos contaminantes.

ⓘ	Ayuntamiento de Norwich (www.norwich.gov.uk). Civitas (www.civitas-initiative.org).

1.2   Movilidad y planeamiento urbanístico

• Descripción y objetivos

La práctica urbanística, tradicionalmente, no ha incorporado la distribución urbana de mercancías a sus iniciativas de planeamiento, a diferencia de lo que se ha hecho con otros vectores territoriales: vivienda, actividades económicas, espacios verdes, etc.

Recientemente, sin embargo, las autoridades municipales están cobrando conciencia del impacto positivo que tiene sobre la circulación de la ciudad una gestión cuidadosa de la distribución urbana de mercancías, la cual, por esta razón, se tiene cada vez más presente en el planeamiento, en especial en lo que se refiere a nuevas áreas de urbanización y a los espacios de rehabilitación, sustitución o reforma interior.

El principal objetivo que se persigue con esta acción es utilizar la capacidad de intervención integral del urbanismo para modelar la ciudad de tal modo que el transporte de mercancías en ámbito urbano pueda desarrollarse de un modo eficiente y se minimice su impacto en el tránsito de la ciudad.

• Ventajas e inconvenientes

Entre las ventajas de la medida destacan éstas:

- El no desligar el planeamiento urbanístico y comercial de su impacto sobre la movilidad contribuye a optimizarlo, tanto desde el punto de vista de la distribución urbana de mercancías como en lo que se refiere a movilidad de las personas.

Entre los inconvenientes de la medida destacan éstos:

- La ausencia de una base de datos fiable relativa a los desplazamientos de mercancías que transitan por la ciudad y a la fuente que los origina dificulta el planeamiento.

• Recomendaciones

El planeamiento urbanístico es el instrumento que puede indicar el grado de importancia atribuido a la distribución urbana de mercancías en las actuaciones urbanísticas. Esto puede hacerse por medio de distintos procedimientos:

- Incorporar el factor de la distribución urbana de mercancías a los estudios de análisis territorial que preceden a la actividad planificadora.

	CASO 5. CONTROL DE LA CIRCULACIÓN Y LA OPERATIVA DE CARGA Y DESCARGA DE LA DISTRIBUCIÓN URBANA DE MERCANCÍAS EN BARCELONA
Objetivos	Regular la distribución urbana de mercancías de tal modo que se optimice la operativa de los vehículos de mercancías en la ciudad y, al mismo tiempo, se garantice la compatibilidad con el resto de actividades que se realizan en la vía pública.
Descripción	En la ciudad de Barcelona hay dos tipos de ordenanzas que recogen normativas relacionadas con la distribución urbana de mercancías: la ordenanza municipal de previsión de espacios para carga y descarga y la ordenanza de circulación de viandantes y vehículos.

– La ordenanza municipal de previsión de espacios para carga y descarga de la ciudad de Barcelona distingue entre:

a) Reglamentación para uso comercial.

Superficie útil accesible al público, destinada a venta o intercambio comercial, para el conjunto del edificio, recinto o instalación	*Núm. mínimo de plazas*
menos de 400 m²	no se exige
de 400 a 1.300 m²	1
de más de 1.300 a 2.500 m²	2
por cada 3.000 m² o fracción adicionales, se prevé una plaza más	

b) Reglamentación para uso industrial.

Superficie útil, incluido el almacén, para el conjunto del edificio, recinto o instalación	*Núm. mínimo de plazas*
menos de 600 m²	no se exige
de 600 a 1.500 m²	1
de más de 1.500 a 3.000 m²	2
por cada 3.000 m² o fracción adicionales, se prevé una plaza más	

c) Reglamentación para uso de almacén.

Volumen útil para el conjunto del edificio, recinto o instalación	*Núm. mínimo de plazas*
menos de 1.600 m³	no se exige
de 1.600 a 3.200 m³	1
de más de 3.200 a 6.000 m³	2
por cada 6.000 m³ o fracción adicionales, se prevé una plaza más	

d) Reglamentación para uso hostelero, residencial y sanitario.

e) Reglamentación para uso recreativo.

<table>
<tr>
<td rowspan="2">Descripción</td>
<td>

– El artículo 12 de la ordenanza municipal de previsión de espacios para carga y descarga de la ciudad de Barcelona se refiere a la previsión obligada de almacén en determinados casos:

- Los restaurantes, bares, cafés y similares, o los establecimientos que incluyan alguna de estas actividades, deben prever un espacio de almacén. Se entiende por *almacén* un espacio no accesible al público en el que puedan colocarse mercancías destinadas a la venta. La dimensión debe ser, como mínimo:
- El 5 % de la superficie útil del local, con un mínimo de 4 m².
- En ningún caso se exige que el almacén exceda el 20 % de la superficie útil del establecimiento.
- Las actividades que realizan obras mayores deben prever la existencia de un almacén en los términos establecidos en este edicto.
- En cualquier caso, el espacio de almacén exigido puede estar situado en el edificio contiguo al del local, a una distancia de acceso máxima, respecto a éste, de 50 m.

– Según la ordenanza de circulación de viandantes y vehículos de la ciudad de Barcelona, la operativa de carga y descarga debe atenerse a las siguientes disposiciones:

- La carga y descarga debe realizarse en el interior de los locales siempre que éstos dispongan de condiciones adecuadas para ello (de acuerdo con la ordenanza municipal para esta actividad).
- La alcaldía delimita zonas reservadas a la carga y descarga cuando las condiciones de los locales no permitan hacerlo en su interior. Fuera de estas zonas, no será permitida sino en los días, horas y sitios que se determinen.
- Los vehículos que realicen operaciones de carga y descarga no pueden ocupar total ni parcialmente ningún espacio (aceras, andenes, paseos, etc.) donde, con carácter general, esté prohibido parar.
- Las mercancías que se carguen y descarguen no pueden en ningún caso almacenarse temporalmente en la vía pública.
- Las mercancías deben cargarse y descargarse por el lado del vehículo más cercano a la acera, y hay que utilizar los medios necesarios para agilizar la operación sin dificultar la circulación de vehículos y viandantes.

</td>
</tr>
<tr>
<td>ⓘ   Ayuntamiento de Barcelona (www.bcn.cat).</td>
</tr>
</table>

– Distribuir adecuadamente los usos: una localización adecuada de las actividades y el equilibrio de las densidades pueden influir en la disminución de los desplazamientos.
– Integrar el urbanismo a la planificación sectorial de infraestructuras de transporte y de logística.
– Con la ayuda de la normativa y las ordenanzas, se pueden establecer los estándares urbanísticos y regular la concesión de licencias aplicando determinados requisitos:

  - Muelles de carga y descarga en el interior de nuevos establecimientos comerciales a partir de una determinada superficie.
  - Superficie de almacenamiento mínima en la apertura de nuevos establecimientos comerciales.
  - Fijación de un estándar de zonas de carga y descarga en función del número de establecimientos comerciales de los alrededores.

– Es necesario que la planificación de plataformas logísticas en el entorno metropolitano y en el interior de la ciudad sea recogida en el planeamiento urbanístico.

2 Acciones informativas

2.1 *Mapas de transporte de mercancías*

• **Descripción y objetivos**

El objetivo de este tipo de mapas tiene una doble vertiente: por una parte, se confeccionan mapas completos referidos al transporte de mercancías; por otra, se actualiza en tiempo real la información recogida en los mismos.

Hay que tener presente que la Administración puede facilitar información valiosa en tiempo real, la cual puede ser muy útil para las empresas de transporte que se valen de la tecnología (básicamente Internet), para consultarla y escoger la ruta más adecuada en función de las condiciones del momento.

• **Ventajas e inconvenientes**

Entre las ventajas que ofrecen los mapas de transporte destacan éstas:

– Posibilitan a las empresas de transporte la optimización de sus rutas y la elección de la más adecuada en función del estado del tránsito.

– Contribuyen a canalizar el transporte pesado por las vías más adecuadas para su circulación y evitan molestias tales como el paso por el interior de municipios, el aparcamiento en zonas no habilitadas, accidentes, etc.
– Favorecen la planificación previa de la ruta.

Entre los inconvenientes de la medida destacan éstos:

– Concentran una gran parte del transporte de mercancías en determinadas vías en las que puede aumentar la intensidad del tránsito pesado.
– Dependiendo del método de consulta, los mapas de transporte pueden contribuir a la distracción del conductor.

• **Recomendaciones**

Un mapa completo de mercancías debe incluir:

– Las rutas de camiones.
– Información sobre restricciones o actuaciones en el vial (dimensiones, peso del vehículo, horarios, gálibos, carriles de carga y descarga, zonas de aparcamiento, etc.).
– Áreas de tránsito conflictivas.
– Localización de los aparcamientos de vehículos pesados.
– Localización de los principales sitios de interés, por ejemplo, los polígonos industriales.

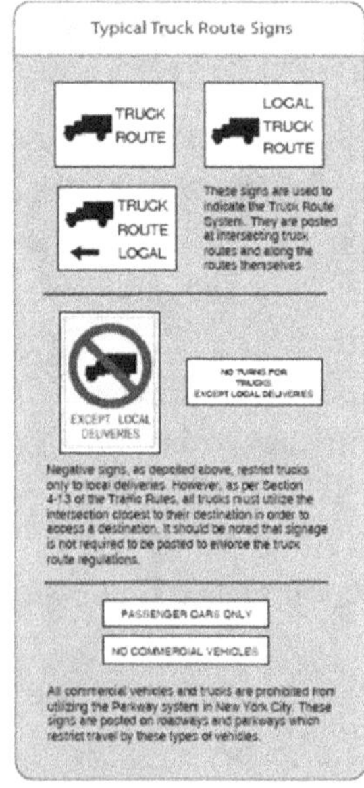

Figura 20. Cartel promocional del mapa de camiones de Nueva York y señalización utilizada en la ciudad.

CASO 6. MAPA DE CAMIONES EN NUEVA YORK (EEUU)

Objetivos	– Regular y ordenar la circulación de camiones dentro del núcleo urbano. – Evitar o disminuir la congestión de vehículos pesados en zona urbana. – Reducir las molestias ocasionadas por el transporte de mercancías a los vecinos y habitantes de la ciudad.

Descripción	El mapa de camiones consta de un plano de la ciudad de Nueva York. Están resaltadas con colores diferentes las rutas destinadas a la circulación de camiones.
	
	– La leyenda distingue los diferentes tipos de rutas: locales, autopistas, interestatales, etcétera.
	– En el mapa mismo se encuentran indicaciones sobre normativa:
	  - Limitaciones de dimensiones, peso, etc.
	  - Prohibición de estacionar en los aparcamientos normales.
	  - Obligación de llegar siempre a destino utilizando una de las rutas de camiones señalizadas hasta llegar a la intersección con el destino.
	– Se facilitan también los datos de la oficina del Department of Transportation para la petición de permisos para transportes especiales.

(i)	Department of Transportation (www.nyctmc.org). Ayuntamiento de Nueva York (www.nyc.gov).

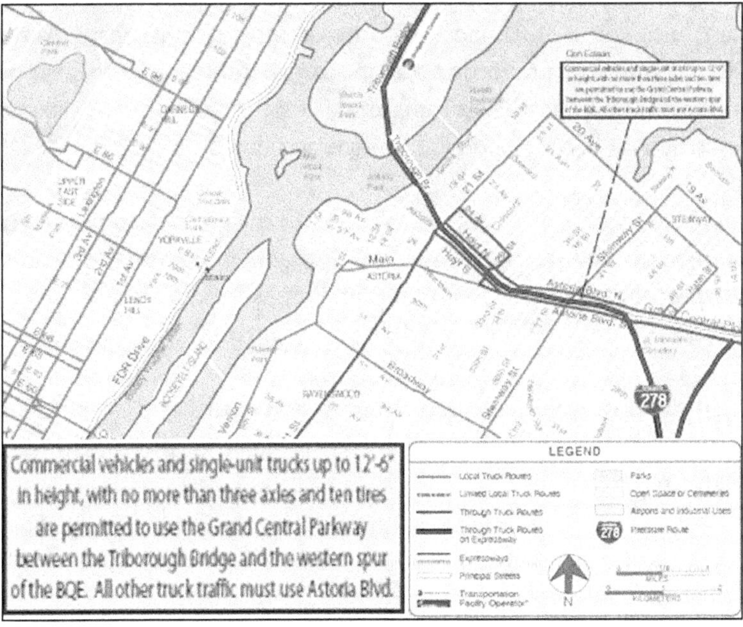

Figura 21. Detalle del mapa de camiones de la ciudad de Nueva York.

Los destinatarios de los mapas de transporte de mercancías tienen que ser la mayor parte de los agentes implicados en la distribución urbana de mercancías:

– Comercios locales.
– Asociaciones de empresas de transporte y esas mismas empresas.
– Autoridades urbanas.

La actualización de los datos de los mapas por medio de internet ofrece la posibilidad de disponer de información sobre el estado del tránsito en tiempo real.

Esta actuación puede unirse a los sistemas de información geográfica (SIG) para la fácil identificación de la información relevante (por ejemplo, el servicio de alerta del tránsito de Londres que proporciona Transport of London).

Otra actuación informativa en tiempo real es la que se realiza en algunas ciudades por medio de pantallas informativas instaladas en los aparcamientos de camiones.

2.2 *La tecnología como fuente de mejora de la información*

• Descripción y objetivos

La incorporación de las tecnologías de la información a la distribución urbana de mercancías ha posibilitado un cambio sustancial tanto en la operativa y la eficiencia de los agentes de transporte como en las posibilidades de información entre los diferentes eslabones de la cadena logística (proveedor-transportista-establecimiento). En este sentido, la tecnología ha contribuido a una disminución de costes (económicos, espaciales y temporales) en el desarrollo de la cadena de suministro entera y a una mejora de la información y la fiabilidad.

Las innovaciones tecnológicas, entre las cuales destacan los sistemas de transporte inteligente *(intelligent transport systems* o ITS), inciden directamente en los sistemas de gestión del transporte de mercancías, gracias a las posibilidades que ofrecen a todos los agentes implicados en la distribución urbana de mercancías:

– *Para las empresas de transporte,* son sistemas que se utilizan para mejorar su eficiencia y reducir costes. También contribuyen al hallazgo de soluciones en el caso de que surjan imprevistos.
– *Para los clientes,* son sistemas que les aportan la posibilidad de disponer de un grado más elevado de información y control sobre el producto, así como optimizar el coste de la cadena de suministro y distribución.
– *Para los gestores públicos,* son sistemas que les ayudan a llevar a cabo una mejor gestión del tránsito en el área urbana.

La tecnología ITS se divide en dos grupos: sistemas de gestión del transporte de mercancías (agentes privados) y sistemas de gestión del tránsito (agentes públicos):

— Los sistemas de gestión del transporte de mercancías, que engloban los sistemas de gestión de flotas, permiten, entre otras cosas:

  - La planificación informatizada de las rutas.
  - Los sistemas de navegación y control del tránsito, gracias a los cuales puede obtenerse información en tiempo real acerca de la localización del vehículo, las posibles incidencias de tránsito, los cambios en las necesidades de los clientes, etc.
  - Los sistemas de comunicación al instante permiten (mediante voz u ordenador) la comunicación inmediata entre el transportista y su empresa, así como entre el transportista y los clientes.
  - Los sistemas de reserva de espacio, que permiten la coordinación de las llegadas de los vehículos de transporte de mercancías al mayor número posible de sitios, para la generación de grandes flujos.

— En cuanto a los sistemas de gestión y control del tránsito *(urban traffic management control* o UTMC), ayudan a mejorar la fluidez del tránsito y mejoran la seguridad viaria. Estos sistemas requieren la utilización de soportes tecnológicos como:

  - Sistemas de control del tránsito urbano para coordinar la información de las pantallas de tránsito.
  - Pantallas con información variable para el conductor (VMS).
  - Sensores de disponibilidad de aparcamientos.
  - Medición del tiempo de trayecto mediante el reconocimiento automático de las matrículas.

• **Ventajas e inconvenientes**

Entre las ventajas de la medida destacan éstas:

— La tecnología ha posibilitado una mejora sustancial de la gestión municipal de la distribución urbana de mercancías.
— La tecnología contribuye a aumentar la eficiencia del transporte de mercancías y, al mismo tiempo, reduce los costes y posibilita la oferta de otros servicios (grado más alto de información, seguimiento del producto, etc.).
— La mejora de la información aporta más seguridad al gestor y una mejor percepción del servicio por parte del usuario.

Entre los inconvenientes de la medida destacan éstos:

— El elevado coste de algunas tecnologías impide que puedan acceder a ellas todas las empresas.
— La información en tiempo real requiere, para que sea útil al usuario, un seguimiento minuto a minuto.
— La diversidad de tecnologías de usos parecidos provoca que municipios cercanos puedan estar utilizando tecnologías diferentes. Esto puede ser un inconveniente para la futura integración de todos los sistemas de una misma zona.

• **Recomendaciones**

— Para conseguir un resultado óptimo del empleo de la tecnología, es fundamental mantener actualizada periódicamente toda la información que se proporciona en el sitio web. Esto es aplicable tanto a las empresas privadas que informan a los clientes del estado de los pedidos como a la Administración pública que comunica el estado de la circulación, la aparición de incidencias, el tiempo de los trayectos, etc.
— Es imprescindible que el sistema entero de información que se decida implantar en un municipio sea compatible con el resto de sistemas de información implantados en otros municipios de la misma región. Esto facilitará que, en el futuro, la región pueda dotarse de un sistema de información común y en red para todos los municipios que la integran.
— Las tecnologías de la información tienen ya, en la actualidad, la capacidad de proporcionar una información muy fiable para el conocimiento y seguimiento de los

Figura 22. Sala de control de tráfico de la ciudad de Barcelona. Fuente: Ayuntamiento de Barcelona.

CASO 7. SISTEMA ITS EN JAPÓN

Objetivos	Japón está trabajando en un proyecto para la implantación de un sistema ITS en todo el territorio. Entre los objetivos principales que se persiguen figuran: – Mejorar el aprovechamiento de las infraestructuras, reducir las congestiones de la circulación y disminuir el tiempo de viaje. – Proporcionar más información a los usuarios sobre todo tipo de servicios e informar en tiempo real de posibles incidencias.
Descripción	La implantación del sistema consta de cuatro fases. Actualmente, está finalizada la primera fase y la segunda está en vías de implantación. *1.ª fase* (2000-2005) Información sobre el tránsito distribuida en tiempo real con dispositivos VICS *(vehicle information and communication system).* – Información sobre congestión y rutas óptimas por medio de los navegadores, con lo que se puede variar de trayecto en función del tránsito. – Puesta en funcionamiento de peajes electrónicos automáticos para evitar colas. *2.ª fase* (2005-2010) – Introducción gradual de nuevos servicios ITS. – Detección de accidentes en conexión directa con los servicios de emergencia, con información del lugar que agiliza la asistencia. Se informa, además, a los usuarios sobre las rutas alternativas para esquivar el lugar del accidente. *3.ª fase* (hacia el 2010) – Aprobación de nuevas leyes y nuevos sistemas sociales. – Expansión del sistema a todo el país. Aumento de infraestructuras y equipos. – Puesta en marcha de nuevas funciones, avanzándose hacia la conducción automática. *4.ª fase* (sin calendario) – Final de la puesta en marcha de sistemas ITS. – Aumento del número de usuarios de la conducción automática hasta establecerla como un sistema general. – Reducción considerable del número de víctimas mortales, mejora en la fluidez y mejor aprovechamiento de las infraestructuras.

Descripción	Entre las ventajas y los inconvenientes detectados hasta la fecha, en la puesta en práctica de este sistema figuran: *Ventajas* – Mejoras en la seguridad. – Aumento de la eficiencia del tránsito. – Más comodidad para los usuarios. – Contribución a la preservación del medio ambiente. – Creación de nuevas industrias tecnológicas. *Inconvenientes* – Elevado coste económico. – Necesidad de cambiar alguna ley o normativa. – Fuerte repercusión social.
ⓘ	Japanese Ministry of Land, Infrastructure and Transport (www.mlit.go.jp/road/ITS/). Vehicle Information and Communication System Center (www.vics.or.jp).

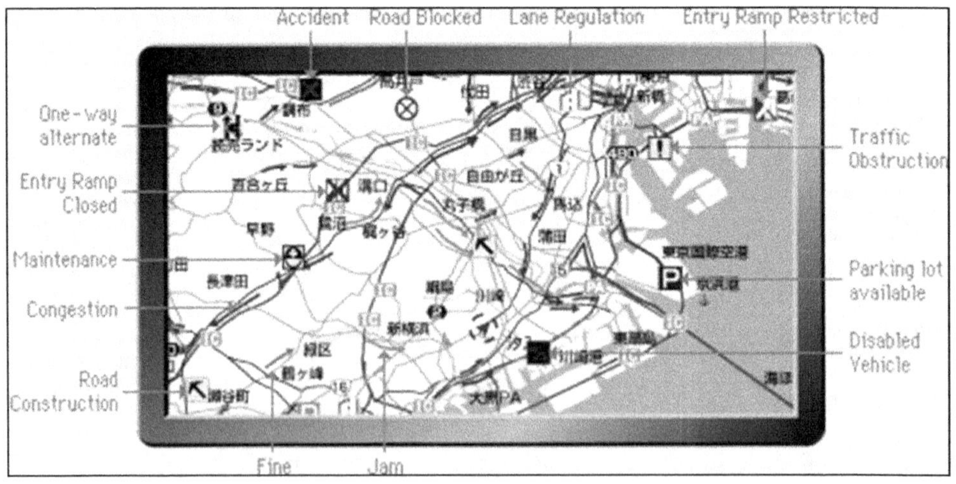

Figura 23. Ejemplo de sistema ITS en Japón.

CASOS 8 Y 9. EMPRESAS CON GESTIÓN DE FLOTAS

Objetivos	– Realizar un seguimiento de las operaciones de transporte. – Optimizar la carga de los vehículos y añadir rentabilidad a las operaciones. – Garantizar el cubrimiento de las necesidades de los clientes (más flexibilidad para resolver incidencias).
Descripción: Caso 8	Tradisa es una empresa presente en las principales capitales de provincia dedicada al transporte de vehículos y materiales. Para la gestión de sus flotas, utiliza una plataforma tecnológica con los siguientes módulos: – *Gestión del transporte:* se elabora un seguimiento de todas las operaciones de transporte, desde que se recibe la orden de transporte hasta la entrega en destino. Gestiona la operación por medio de pedidos, cargas, su composición y los medios de transporte (camiones, barcos, etc.). La trazabilidad de las operaciones se refleja también en las ventanas de servicio, fechas de recogida, fechas de entrega, fechas previstas de llegada, etc. El módulo permite asimismo realizar un seguimiento de la rentabilidad de cada operación. – *Optimización del transporte:* la composición de cargas óptimas, desde el punto de vista volumétrico y de los itinerarios que hay que seguir, supone una tarea compleja por el gran número de vehículos implicados. El módulo Optimización del transporte trabaja con todas estas variables y confecciona automáticamente una primera propuesta de carga y de rutas que los planificadores y asignadores de medios confirman y remiten a ejecución. El módulo tiene presente, en los cálculos, el nivel de servicio pactado con el cliente. – *Modelos de transporte:* se trata de un instrumento de simulación de escenarios logísticos que permite realizar pruebas con todas las variables de coste y de nivel de servicio, con objeto de encontrar el escenario operativo que mejor cumpla con las expectativas de los clientes.
Descripción: Caso 9	Logesta es una empresa dedicada al transporte de mercancías que dispone de una plataforma tecnológica de última generación, la cual le permite la integración de todos los agentes involucrados en el transporte en función de sus necesidades. Esto supone: – Trazabilidad en tiempo real de las operaciones de transporte y flexibilidad para resolver incidencias. – Anticipación a retrasos y posibilidad de informar a los clientes. – Seguimiento y control centralizados de todos los centros. – Localización en tiempo real de vehículos y conexión con la central de seguridad. – Cumplimiento de horarios y fiabilidad del servicio.
ⓘ	Tradisa (www.tradisa.es). Logesta (www.logesta.com).

CASO 10. SISTEMA DE GESTIÓN Y CONTROL DEL TRÁNSITO (UTMC) EN STRATFORD-UPON-AVON

Objetivos	El programa de gestión y control del tránsito urbano *(urban traffic management control* o UTMC) se inició en Stratford-upon-Avon en 1997. La iniciativa fue liderada por el Department for Transport británico (DfT), para desarrollar una aproximación a los sistemas de transporte inteligente. Entre los objetivos perseguidos con esta medida figuran éstos: – Minimizar las congestiones. – Reducir el tiempo de viaje (mejorar la fluidez de la circulación). – Disminuir las emisiones contaminantes. – Reducir la accidentalidad. – Estudiar los resultados para una posible aplicación con carácter global.

Descripción	– En el curso de los tres primeros años, se abordó una serie de problemas de investigación para establecer y validar los estándares de los sistemas de gestión del tránsito (UTMC), entre los que destacan:
	  - Selección de prioridad de vehículos.
	  - Gestión del tránsito a través de los límites jurisdiccionales.
	  - Estrategias para minimizar las emisiones de los vehículos.
	  - Monitorización, gestión y modelización de la red.
	– La base de datos UTMC permite a los ingenieros de tránsito el rápido acceso a la información desde una sala de control o, incluso, remotamente.
	– Se han instalado nuevos sistemas de recogida de datos, por ejemplo, reconocedores de matrículas automáticos para calcular tiempos de viaje y detectar congestiones, y también sensores en los aparcamientos para registrar el número de plazas ocupadas.
	– Tres señales de información variable estratégicas informan a los usuarios del estado del tránsito y las recomendaciones. Además, dieciocho señales de información variable informan sobre las plazas libres en aparcamientos.
	– Un módulo de gestión en la red global detecta los posibles incidentes, por ejemplo congestiones o accidentes, y genera recomendaciones predeterminadas de gestión del tránsito para los ingenieros.
	– El empleo de los protocolos UTMC permitirá compatibilizar la información con otras redes UTMC, en el caso de que éstas se amplíen, y utilizar estos datos para un hipotético UTMC global.

ⓘ	Department for Transport (www.dft.gov.uk; www.utmc.gov.uk).

Figura 24. Mapa con localización de pantallas de información variable.

Figura 25. Localización de aparcamientos con descripción de su estado.

principales flujos del sector logístico dentro de las ciudades. Hay que seguir avanzando en el sentido de aprovechar este potencial de información, porque de este modo será posible dotar a los gestores de la movilidad de un instrumento muy valioso que permita organizar la distribución urbana de mercancías con un máximo acierto.

2.3   Señalización

• Descripción y objetivos

La señalización de la trama urbana nace a consecuencia de la necesidad de informar y de incidir en el comportamiento de los usuarios de la vía pública y lograr de este modo que se cumplan las normativas vigentes (ordenanzas municipales).

La señalización, en el marco de la distribución urbana de mercancías, suele tener como objetivo informar sobre:

- *Las zonas no apropiadas para la circulación de un vehículo,* por ejemplo, calles estrechas, islas peatonales, etc. En este caso, se emplea una señalización vertical que sea visible desde todos los accesos, indicando qué usuarios tienen prioridad, cuáles son los horarios de acceso permitido, la velocidad máxima, el tiempo máximo de estacionamiento, las zonas autorizadas para la carga y descarga, etc.
- *Las normas de aparcamiento para carga y descarga.* Combinan la señalización vertical y la horizontal. Por una parte, la señalización vertical informa sobre el régimen de uso de la zona (usuarios autorizados, horario, días de la semana, tiempo máximo de operación, etc.), y puede ir acompañada por el aviso de la posibilidad de actuación de la grúa municipal. La señalización horizontal delimita claramente la zona destinada a las operaciones, para disuadir de la ocupación por vehículos no autorizados.
- *La ubicación de áreas de camiones o de zonas industriales clave.* Este tipo de señalización es muy útil para optimizar los trayectos de los vehículos pesados y evitar que se extravíen. Se trata de señalizaciones verticales sucesivas que guían a los conductores a partir de las proximidades de este tipo de localizaciones. Es muy importante el trabajo conjunto de las autoridades urbanas con los gestores de zonas industriales con objeto de mejorar las informaciones de acceso.
- *Rutas recomendadas para camiones.* Se utiliza una señalización vertical en las entradas y salidas de las áreas urbanas, mediante la cual se muestran las rutas habilitadas y las obligatorias para vehículos de cierto tonelaje.

En el curso de los últimos años, la incorporación de tecnología a la señalización ha permitido la introducción del concepto de *señalización variable en tiempo real,* que tiene la capacidad de gestionar y adaptar las indicaciones del estado de la vía pública en cada momento.

• **Ventajas e inconvenientes**

Entre las ventajas de la medida destacan éstas:

- La señalización (horizontal y vertical) contribuye a comunicar a los usuarios de la vía pública, y en concreto a los agentes de la distribución urbana, cuál es la normativa que afecta a cada zona.
- La señalización horizontal contribuye a delimitar, la mayor parte de las veces, cuál es el área de influencia de la señalización vertical.
- Es un sistema que permite advertir de posibles peligros, por ejemplo, la proximidad de una escuela, los gálibos, la MMA, etc.

Entre los inconvenientes de la medida destacan éstos:

- En lo que respecta a la señalización horizontal, requiere un mantenimiento para que no pierda la visibilidad.
- La señalización vertical, según la ubicación, puede restar campo de visión o representar una barrera arquitectónica en la vía pública.
- Si la señalización no es lo bastante intuitiva, puede contribuir a la pérdida de concentración por parte de los conductores.

• **Recomendaciones**

- *Asegurarse de que las señales estén bien ubicadas y sean claras en sus indicaciones.* Hay que tener presente que la lectura de las señales se hace a menudo en movimiento y, por tanto, deben ser fácilmente visibles y de rápida comprensión, y deben hallarse en buen estado de conservación.
- *Comprobar que las señales guía son suficientes.* Debe garantizarse que las señales destinadas a mostrar rutas de camiones en ámbito urbano o la localización de zonas de aparcamiento e industriales sean suficientes y permitan la llegada a destino sin confusiones.
- *Respaldar la señalización mediante una normativa.* Es importante que detrás de cada señalización haya una ordenanza que recoja su regulación.
- *Mantener en buen estado de conservación la señalización horizontal.* Con el objeto de evitar confusiones en la delimitación de las zonas destinadas a usos concretos (caso de las zonas de carga y descarga), hay que ocuparse de su mantenimiento periódico.
- *Respaldar la señalización mediante un control.* Toda señalización debe ir acompañada por la aplicación de la disciplina viaria, con objeto de que el usuario de la vía pública cobre conciencia de la necesidad de cumplir la normativa o, cuando menos, de su obligatoriedad.

Figura 26. Ejemplos de señalización que aplica la logística urbana.

CASO 11. SEÑALIZACIÓN DE LAS ZONAS DE CARGA Y DESCARGA EN BARCELONA

Objetivos	El principal objetivo que persigue la señalización de las zonas de carga y descarga es mostrar a los agentes de la distribución urbana de mercancías cuáles son las zonas dedicadas a su operativa y qué normativa regula su utilización.
Descripción	Las zonas de carga y descarga, en la ciudad de Barcelona, se indican mediante señalización vertical y horizontal. – *La señalización vertical.* Sirve para indicar qué normativa afecta al chaflán, en este caso la de carga y descarga. Se especifican los días de la semana en que se aplica la regulación, los vehículos autorizados a utilizarlo, la obligación de mostrar el disco horario y el tiempo máximo de estacionamiento. – *La señalización horizontal.* Muestra qué superficie queda afectada por la regulación indicada en la señalización vertical. Hay que destacar que la forma de señalización horizontal de las zonas de carga y descarga es la misma en toda la ciudad, lo cual favorece su identificación. En este caso, la señalización muestra la multiplicidad de usos de la zona: es para carga y descarga en determinadas horas del día y, las restantes, para libre estacionamiento.
(i)	Ayuntamiento de Barcelona (www.bcn.cat).

Señalización vertical

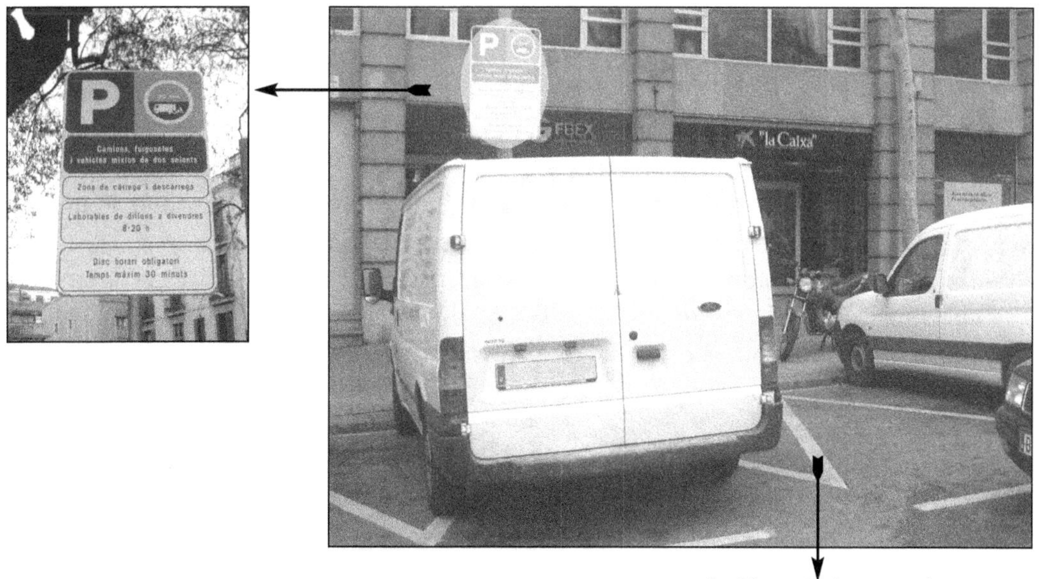

Señalización horizontal

Figura 27. Ejemplo de señalización de las zonas de carga y descarga.

3   Acciones de seguimiento de la operativa

3.1   *Aplicación de la disciplina viaria (control policial y sanción)*

• **Descripción y objetivos**

Entre las acciones que empeoran el funcionamiento de la logística urbana, hay algunas especialmente críticas que es necesario establecer como objetivos prioritarios de seguimiento:

— Vehículos comerciales que operan fuera de las áreas autorizadas de carga y descarga (calzada de circulación, zonas peatonales en horario restringido, estacionamiento encima de la acera).
— Vehículos comerciales que no cumplen las normas de utilización de las zonas de carga y descarga (estacionamiento que rebasa el tiempo máximo).
— Vehículos no autorizados que ocupan las zonas de carga y descarga (turismos).

Las medidas de refuerzo de este tipo son acciones realizadas por la Administración que garantizan el cumplimiento de las leyes y normas de tránsito por parte de todos los usuarios. Las actividades destinadas a la aplicación de la disciplina viaria sólo pueden realizarse al amparo de una normativa que brinde la posibilidad de procesar judicialmente a los infractores y de imponer sanciones.

• **Ventajas e inconvenientes**

Entre las ventajas de la medida destacan éstas:

— El control eficiente de la operativa de los vehículos que realizan distribución urbana de mercancías contribuye decididamente a la mejora global del tránsito en la ciudad.
— El control focalizado de la utilización de las zonas de carga y descarga evita su ocupación por parte del turismo en horas no autorizadas y contribuye a que los vehículos que integran la distribución urbana de mercancías las hallen disponibles y no infrinjan las normas.

Entre los inconvenientes de la medida destacan éstos:

— Debido a la baja tecnificación del control de las zonas de carga y descarga y al elevado número de éstas, se hace necesario disponer de mucho personal para que la realización de esta tarea alcance resultados satisfactorios (en Barcelona, esta tarea ha pasado, recientemente, a depender de los agentes que llevan a cabo el control

de las zonas azul y verde, lo cual ha aportado una mejora en el grado de cumplimiento debido a la mayor cobertura del control).
– Lo fácil que resulta manipular los mecanismos de control de las zonas de carga y descarga impide un seguimiento exhaustivo del cumplimiento de la normativa.

• Recomendaciones

– Los recursos económicos necesarios para llevar a cabo un seguimiento de cumplimiento de la normativa suelen ser considerables. Es necesario, pues, ajustar al máximo los recursos asignados a ello, con objeto de que se garanticen los niveles deseados de cumplimiento sin que esto suponga un presupuesto excesivo.
– Tradicionalmente, el control de circulación ha sido asignado a la autoridad policial. En la actualidad, sin embargo, el empleo de la tecnología para el control se ha generalizado, y esto ha propiciado que se lleve a término un refuerzo eficiente sin necesidad de contratar a mucho personal.
– Conviene, en la medida de lo posible, consensuar las acciones normativas con el sector implicado y la autoridad policial. Esta compenetración favorecerá su cumplimiento.
– Conviene comunicar las nuevas normativas vigentes a las partes implicadas (policía, asociaciones de transporte, comercio, etc.) por medio de circulares informativas.
– La sanción económica debe combinarse con la actuación de la grúa municipal.
– La mala utilización de las zonas de carga y descarga es un inconveniente importante a efectos de conseguir un funcionamiento correcto de la distribución urbana de mercancías. Es de vital importancia, pues, que se realice un control periódico por zonas para evitar la mala utilización de estos espacios dedicados exclusivamente a las mercancías.
– Hay que seguir avanzando hacia un método de control de las zonas de carga y descarga que reduzca la facilidad de manipulación y aumente la facilidad de seguimiento. La tecnología puede contribuir destacadamente a la consecución de este objetivo.

Figura 28. Aplicación de la disciplina viaria.

CASO 12. CONTROL DE LAS ZONAS DE CARGA Y DESCARGA

Objetivos	El control de las zonas de carga y descarga es una de las acciones de seguimiento que mejor garantizan el buen funcionamiento de la distribución urbana de mercancías. El control de estas zonas tiene como objetivos: – Asegurar que no se haga un mal uso de ellas por parte de vehículos no autorizados a emplearlas para estacionar. – Controlar el tiempo de permanencia de los vehículos autorizados, para que no se exceda el máximo establecido y se favorezca a la rotación de las plazas disponibles.
Descripción	Controlar que se cumplan los tiempos reglamentarios establecidos para los vehículos que ocupan las zonas de carga y descarga suele ser la tarea de seguimiento con una dificultad más elevada. Esta medida establece que todos los vehículos comerciales estacionados deben indicar, mediante la metodología elegida por el municipio, a partir de qué hora ocupan la plaza. De este modo, se posibilita un seguimiento orientado a que los vehículos no sobrepasen el tiempo máximo indicado. En la ciudad de Barcelona, se utiliza un reloj de cartón que lleva incorporado un disco mediante el cual, marcando la hora de llegada, el dispositivo muestra la hora límite de salida. Uno de los principales inconvenientes de este método es la facilidad con que puede ser manipulado y, en consecuencia, la facilidad, por parte de los agentes, de no cumplir la normativa establecida. Aun así, cabe destacar la posibilidad de utilizar nuevos sistemas más difíciles de manipular con el objeto de favorecer el seguimiento y cumplimiento de la normativa. Otros sistemas que han sido explorados son: – *La expendedora de tiques.* El sistema consiste en utilizar los dispositivos para expender el tique de las zonas azul y verde para dar el permiso gratuito de treinta minutos a los usuarios de las zonas de carga y descarga. La máquina expendedora incorpora una tarjeta de usuario que impide que puedan retirarse el tique de modo reiterado. – *El reloj de control electrónico con diodos emisores de luz (LED).* Se trata, en este caso, de utilizar un reloj electrónico que tenga un método de indicación del tiempo por medio de diodos electroluminiscentes. El aparato, en el momento del inicio, enciende todos los diodos, los cuales van apagándose a medida que se va agotando el tiempo legal. Una vez agotado el tiempo, el sistema activa todos los diodos, y se ponen de color rojo; de este modo, pueden verse fácilmente desde lejos y se facilita el control. Es preciso destacar que la libertad que tiene cada municipio para elegir el método de control para las zonas de carga y descarga, y la ausencia de coordinación entre los municipios de una misma región metropolitana, obligan a menudo al transportista a conocer las peculiaridades de cada uno de los métodos existentes dentro de una misma región metropolitana. Hay que tender, pues, a una homogenización supramunicipal en el método de control de las zonas de carga y descarga, con el objeto de facilitar el conocimiento y el cumplimiento de la normativa.
ⓘ	Ayuntamiento de Barcelona (www.bcn.cat). Autoridad del Transporte Metropolitano (www.atm.cat).

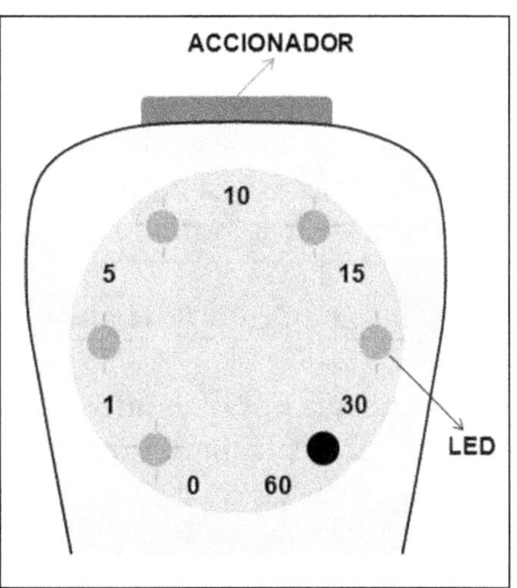

Figura 29. Reloj de control en la ciudad de   Figura 30. Esquema del reloj electrónico
Barcelona.   con diodos emisores de luz (LED).
                                                     Fuente: Formaplan.

3.2   Cámaras de control de acceso

• **Descripción y objetivos**

La implantación de un sistema de control de acceso mediante cámaras persigue como principal objetivo pacificar el tránsito a través del control o la restricción del acceso a la zona deseada, sea ésta un tramo, una calle, un barrio, etc.

Para implantar un sistema de control de acceso mediante cámaras hace falta una infraestructura determinada. Las *cámaras de videovigilancia* representan la infraestructura básica e imprescindible. Cada cámara debe estar equipada con tecnología infrarroja para operar de noche y con una conexión a la red que permita enviar la información a un determinado punto de control. Es aconsejable que, en el punto de control, se trabaje con un equipo tecnológico que permita la automatización por medio de algún sistema de información geográfica. Trabajar de este modo permite, además, gestionar las autorizaciones o excepciones para los usuarios que estén libres de controles de acceso (vecinos, autoridades, etc.).

• **Ventajas e inconvenientes**

Entre las ventajas de la medida destacan éstas:

– Se garantiza un control exhaustivo del cumplimiento de la normativa y, por tanto, se consigue un fuerte efecto disuasorio entre los infractores.

– Sirve como instrumento de gestión de datos de movilidad, como las intensidades de tránsito generales o temporales, etc.
– Puede ayudar en la detección de vehículos robados: si una cámara detecta una matrícula perteneciente a un vehículo robado, transmite el aviso pertinente al punto de control y éste informa de ello a la autoridad competente.

Entre los inconvenientes de la medida destacan éstos:

– Comporta una inversión inicial elevada.
– Requiere un mantenimiento para asegurar su correcto funcionamiento.
– Está expuesta a las condiciones meteorológicas adversas y al vandalismo.

• **Recomendaciones**

– Las cámaras de control deben ubicarse en zonas que dificulten la afectación derivada de actos de vandalismo.
– Es aconsejable indicar el inicio y el final del control de las cámaras, para que los vehículos estén informados de este tipo de seguimiento.
– La utilización de sistemas de control tecnológicos exige un mantenimiento periódico.

Figura 31. Cámaras de control en La Rambla de Barcelona.

CASO 13. CONTROL DE ACCESOS POR CÁMARA EN LA RAMBLA DE BARCELONA

Objetivo	El principal objetivo del control de accesos en sentido ascendente en La Rambla de Barcelona es pacificar el tránsito en esta zona de Ciutat Vella. Este sistema se enmarca en el programa Civitas, subvencionado por la Unión Europea como proyecto innovador.

Descripción	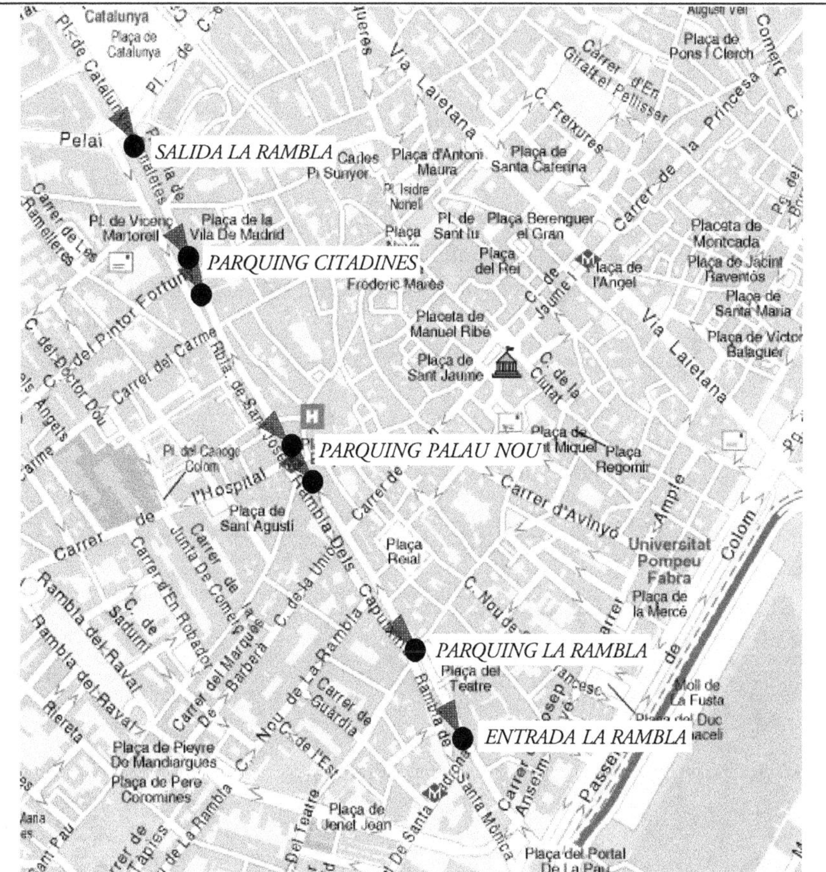
	El sistema funciona mediante siete puntos de control ubicados en la entrada, la salida y los tres posibles aparcamientos a los que puede acceder el vehículo.
	
	– Cada punto de control dispone, como mínimo, de:
	  - Cámara de lectura de matrículas con visión infrarroja.
	  - Una cámara de contexto.
	  - Conexión a la red.
	A modo de información, se instala esta señalización:
	  - Pantalla con el horario de restricción de paso.
	  - Pantalla con el estado de ocupación de los aparcamientos de la zona.

Descripción	– Las cámaras instaladas en los puntos de control registran las matrículas de los vehículos que circulan por La Rambla. Si un vehículo queda registrado consecutivamente, en un intervalo de tiempo determinado, una vez en cada cámara instalada en los puntos de control, estará infringiendo la prohibición de paso y, por tanto, será sancionado.
	
	– El sistema permite fijar tres franjas horarias de restricción diferentes cada día. En este caso, se fija la restricción para el tránsito de lunes a sábado, de 11 h. a 15 h. y de 17 h. a 20.30 h., y domingos y festivos de 9 h. a 21 h.
	
	– Están eximidos de cumplir la restricción todos los vehículos acreditados en los colectivos siguientes:
	  - Residentes de la zona.
	  - Transportes públicos.
	  - Usuarios de aparcamientos y hoteles de la zona.
	  - Otros vehículos autorizados de modo temporal.
	
	Aparte de pacificar el tránsito en La Rambla, la medida ha supuesto lo siguiente:
	
	– Generar datos sobre distribuciones horarias del tránsito.
	
	– Analizar, por tramos, los accesos o, globalmente, los datos de intensidad media diaria.
	
	– Generar mapas de itinerarios según su uso, y así detectar los itinerarios principales.

ⓘ	Civitas (www.civitas-initiative.org). Ayuntamiento de Barcelona (www.bcn.cat).

Figura 32. Ejemplo de control de matrícula.

Figura 33. Señalización de control de acceso.

Figura 34. Esquema de funcionamiento del control de acceso a La Rambla de Barcelona.

4   Acciones de gestión de la capacidad

4.1   *Gestión de la capacidad de la red: entregas en horas valle*

- **Descripción y objetivos**

Como antes hemos comentado, en el curso de los últimos años, el flujo de mercancías ha aumentado de modo considerable. Esto, unido a la utilización masiva del vehículo privado, ha hecho que se produzcan cada vez más embotellamientos (sobre todo en ámbitos urbanos) que amenazan la competitividad del tejido empresarial y la calidad de vida de los ciudadanos. Por esta razón, reducir la presión sobre las infraestructuras en horas punta se ha convertido en el objetivo prioritario para mejorar la competitividad de la actividad logística y, en general, del transporte, contribuyéndose con ello, además, a minimizar su impacto ambiental.

La gestión de las mercancías en horas valle (entre las cuales figuran las nocturnas) de los procesos logísticos se presenta como una de las alternativas con más potencial para generar capacidad en el sistema logístico y conciliar los intereses de los diferentes agentes implicados en la actividad de la distribución de mercancías.

4.1.1   *La logística nocturna*

Una de las franjas valle más extensas y con menos intensidad de circulación de vehículos es la franja nocturna. Esta franja ofrece una importante ventaja: gracias a las reducidas intensidades de tránsito que se registran de noche, se reduce de forma notable el tiempo de distribución, se ahorra en combustible (y, por tanto, se reducen las emisiones contaminantes) y es posible realizar un menor número de viajes, ya que por la noche se permite entrar en la ciudad con los vehículos de mayor tamaño. La franja horaria nocturna está siendo actualmente utilizada por numerosas empresas: Mercadona, Condis, Inditex, Imaginarium, El Corte Inglés, entre otras.

Si bien tiene un importante potencial de crecimiento, la logística nocturna no es un tipo de distribución apta para todas las empresas. Cuando éstas trabajan con cargas completas o tienen una logística propia que no depende de ninguna otra cadena, la logística nocturna es rentable. Pero cuando la empresa trabaja con cargas fraccionadas, la falta de demanda hace aumentar el precio del servicio (el cual es ofrecido por un operador logístico).

Hay que tener presente, también, que una serie de factores de entorno dificultan el desarrollo de este tipo de logística, en especial los nodos logísticos y la contratación de trabajadores:

- *Los nodos logísticos.* Algunos de los nodos logísticos en que intervienen las cadenas de transporte no están operativos de cara al público por la noche; es el caso de los puertos españoles, las terminales ferroviarias, etc.
- *Contratación de trabajadores.* Por una parte, el trabajo nocturno dificulta el hallazgo de personal, porque no todo el mundo es apto y está disponible para este tipo de trabajo. Por otra, la nocturnidad encarece el precio por hora y trabajador.

Por último, es importante tener presente que poner en marcha la logística nocturna supone tener el buen juicio y la responsabilidad de respetar el descanso de los vecinos de los alrededores del lugar donde se realiza la operativa de carga y descarga. Por esta razón, las normativas municipales sobre emisiones acústicas son más restrictivas de noche y, en consecuencia, hace falta invertir en tecnologías para reducir el ruido generado por los vehículos de transporte y por la operativa.

En definitiva, la logística nocturna, al igual que la mayor parte de las soluciones destinadas a la mejora de la distribución urbana de mercancías, no es una solución magistral; pero es útil para un determinado segmento de empresas, en especial las cadenas logísticas «independientes», que mueven grandes volúmenes en cargas completas.

- **Ventajas e inconvenientes**

Entre las ventajas de la medida destacan éstas:

- Reducción del tiempo de recorrido y ahorro de combustible (menos emisiones contaminantes).
- Posibilidad de realizar un menor número de viajes, gracias a la mayor permisividad de los gestores municipales ante la entrada nocturna de vehículos de mayor tamaño en la ciudad.

Entre los inconvenientes de la medida destacan éstos:

- Necesidad de garantizar una masa crítica que haga rentable el servicio nocturno (complementariedad con otras cadenas logísticas).
- Dificultad para encontrar trabajadores que quieran realizar el trabajo en horario nocturno (aumento del coste de contratación).
- Obligatoriedad de cumplir unos determinados requisitos en cuanto a contaminación acústica (inversión en los vehículos).

• Recomendaciones

– Las autoridades municipales pueden promover el desplazamiento del transporte de mercancías en horas valle. La concertación con los agentes privados, con el objeto de conocer sus necesidades, y, sobre todo, el esfuerzo en la búsqueda de soluciones para los casos particulares de empresas que deseen mejorar la eficiencia de su distribución, deben ser las principales líneas de trabajo.

– Poner en marcha una armonización de las ordenanzas a escala supramunicipal. El hecho de que cada municipio determine cuáles son los límites en las emisiones acústicas dificulta el conocimiento y el respeto a esos límites por parte de las empresas.

– Realizar un control exhaustivo, especialmente en los primeros meses, de la salud de los empleados que trabajen en horario nocturno. No todo el mundo es apto para este tipo de trabajo y, por tanto, hay que hacer un seguimiento de la adaptación.

– Contribuir a la transferencia tecnológica. A menudo, pese a que existe la tecnología necesaria para reducir las emisiones acústicas, las empresas no la integran en su operativa debido al coste adicional que ello supone. La adopción de las tecnologías hoy disponibles supondría una reducción importante de la contaminación acústica en las ciudades (tanto de día como de noche).

– Introducir medidas de gestión en la red que favorezcan el transporte de mercancías en horas valle y penalicen dicho transporte en horas punta. Entre estas medidas figuran la reducción de peajes en horas valle, el aligeramiento de las restricciones, etc.

– Para solucionar la falta de coincidencia entre el reparto en horas valle y el horario comercial, hay que tener presente que:

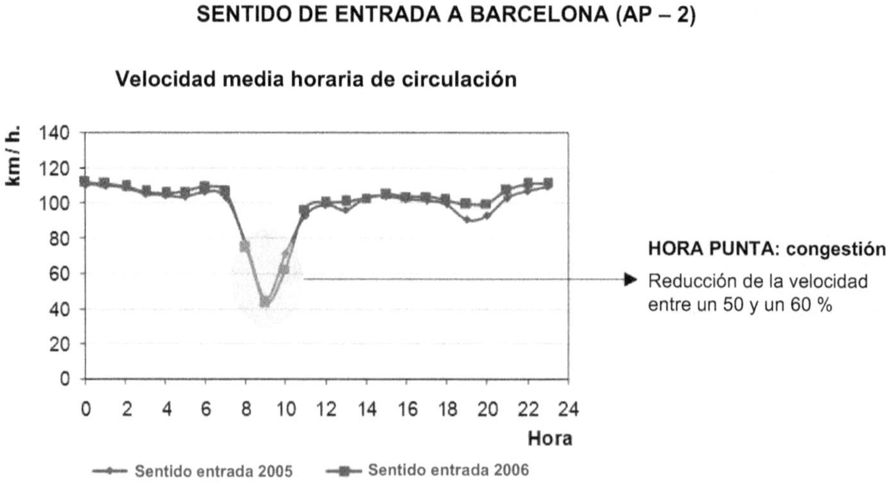

Figura 35. Velocidad media de entrada a la ciudad de Barcelona por la autopista AP-2.

CASO 14. DISTRIBUCIÓN EN HORAS VALLE A LOS ESTABLECIMIENTOS DE MERCADONA

Objetivos	En 2003, en el marco del proyecto europeo *Miracles*, Mercadona, en colaboración con el Ayuntamiento de Barcelona, inició una prueba piloto con el objetivo de realizar distribución nocturna de mercancías en el establecimiento de la calle València de Barcelona. Actualmente, se hace el reparto según el modelo nocturno en diez municipios de Barcelona, dieciséis de Cataluña y ciento veinticinco de España.

Descripción	Para poder realizar la prueba, que es externa a la ordenanza municipal, el Ayuntamiento de Barcelona proporcionó a Mercadona un permiso renovable anualmente, condicionado a:
	
	– No sobrepasar los límites de decibelios (56-60 dB).
	– Que no haya quejas de los vecinos de la zona.
	
	En el caso de Barcelona y de su Área Metropolitana, el origen de la cadena está en la plataforma de Sant Sadurní d'Anoia. Desde ahí envían dos camiones que realizan la distribución en el trayecto de ida y la logística inversa en el trayecto de regreso. El horario suele ser entre las 22 h. y las 24 h., para el primer camión, y entre las 4 h. y las 6 h., para el segundo.
	
	Desde el punto de vista del Ayuntamiento, las siete entregas que antes se hacían en horario diurno (en congestión) se han reducido a dos entregas nocturnas efectuadas con vehículos de tamaño mayor y más adaptados.
	
	Las medidas adoptadas para cumplir con los condicionantes están orientadas a:
	
	– *Mejorar la maquinaria.* En este apartado hallamos:
	  - Acciones orientadas a aislar el suelo del camión mediante un revestimiento de *Sikafloor* (aislamiento acústico).
	  - Insonorización de los transpalés manuales y eléctricos (ruedas de goma, minimización de las vibraciones, etc.).
	  - Carretilla elevadora eléctrica (ruedas muy elásticas, giroscopio luminoso para evitar la emisión sonora de aviso, etc.).
	– *Formar al personal.* El personal destinado a la operativa nocturna recibe formación de modo continuo para concienciarlo de la necesidad de minimizar la emisión acústica por medio de la operativa adecuada.
	
	Entre los beneficios de esta operativa hay que distinguir entre los que obtiene la sociedad y los que obtiene Mercadona:
	
	– La sociedad obtiene:
	  - Menor número de vehículos en las vías urbanas en horas punta debido a la reducción del horario diurno.

<table>
<tr><td></td><td>

- Menos emisiones sonoras de los vehículos de mercancías.
- Menos contaminación ambiental gracias a que la velocidad en horas valle es más constante y, por ello, el consumo de combustible es menor.
- Evitar las molestias para los viandantes derivadas de la operativa de carga y descarga.

– Mercadona obtiene:
  - La realización del suministro de noche le permite entrar en la ciudad con vehículos mayores (tipo trailer de 40 t) y, por tanto, reduce el número de viajes (proporción de 3 a 1).

El tiempo de desplazamiento se reduce a un 50 %.

</td></tr>
<tr><td>ⓘ</td><td>Proyecto Miracles (Civitas Initiative) (www.civitas-initiative.org).</td></tr>
</table>

Figura 36. Operativa de carga y descarga nocturna en un establecimiento de Mercadona.

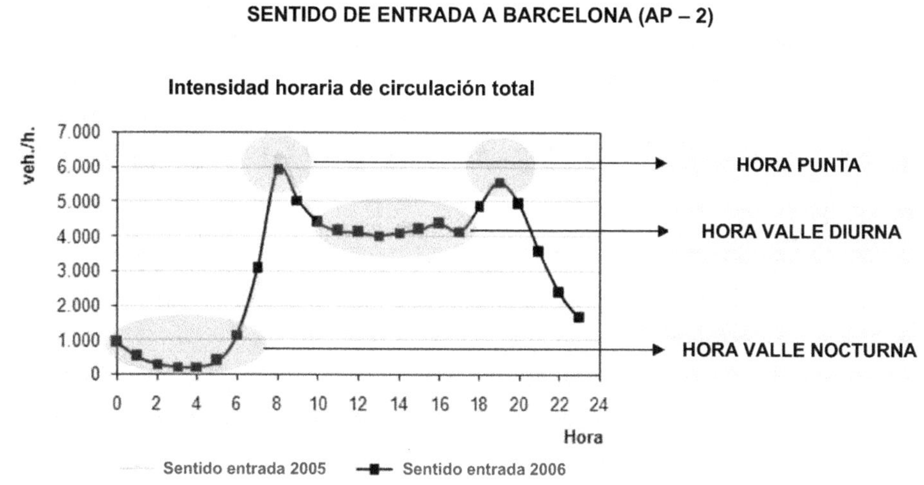

Figura 37. Intensidad de circulación total de entrada a la ciudad de Barcelona por la autopista AP-2.

- Hay establecimientos receptores con más capacidad de adaptación en horas valle. Es el caso de las empresas de distribución comercial organizada, de los mercados municipales (con actividad desde las 6 h.) y cafeterías (que inician su actividad entre las 6 h. y las 7 h.).
- La utilización de consignas o de centros de distribución urbana puede contribuir a resolver el problema de la presencia del receptor en el establecimiento.

4.2 Gestión de la capacidad de la red: tasas sobre la circulación urbana

• **Descripción y objetivos**

Las tasas sobre la circulación urbana, conocidas también como peaje urbano, son normalmente una respuesta a la congestión, y se busca con ellas asignar de modo más eficiente la capacidad de la red urbana.

En la actualidad, algunas ciudades europeas se han planteado o han puesto ya en funcionamiento esta medida, que suele basarse en los motivos siguientes:

– La necesidad de dar respuesta a la creciente congestión urbana.
– El compromiso de reducir la contaminación en el medio ambiente urbano.
– La exigencia de financiar los nuevos requerimientos de infraestructuras y servicios de transporte público.

En el marco actual de la movilidad, el vehículo privado se ha habituado a una serie de prioridades que no consideran los costes externos que ello genera, tanto en relación con la economía como con la calidad de vida. La tasa sobre la congestión urbana es un instrumento de política de transporte que puede contribuir a equilibrar el desajuste que se ha creado a favor del vehículo privado, de acuerdo con el principio de que quien contamina paga.

Entre los objetivos que persiguen las ciudades que han implantado este sistema (Londres, Singapur, Estocolmo y California), se mezclan la mejora de la circulación y la pacificación de los centros de las ciudades con la voluntad de generar ingresos para mejorar el transporte público.

- **Funcionamiento**

Control

Su diseño depende en gran medida de la geografía de la ciudad y de las condiciones locales de movilidad; no obstante, la mayor parte de los sistemas fijan un perímetro a partir del cual queda afectado el peaje urbano.

Por lo que respecta a las cuotas, en algunas ciudades, los turismos detectados en la zona de regulación pagan una tasa fija de congestión en determinadas franjas horarias. Otras ciudades utilizan una tasa variable que, siendo máxima en las horas punta de los días laborables, puede ser inexistente en horas valle y fines de semana. Lo usual es que las ciudades no cobren tasas en fin de semana, pero algunas las cobran en horario comercial los sábados porque se registra congestión.

Pago

En todos los sistemas instalados se utilizan cámaras para fotografiar el número de las matrículas y generar listados. Estos listados, posteriormente, se cruzan con los datos de pago con el objeto de detectar las infracciones.

En general, la tasa es prefijada y no requiere ningún esfuerzo de cálculo. Aun así, en el caso de Singapur, donde la tasa depende de múltiples factores, se ha creado una tarjeta inteligente que, insertada en el vehículo, deduce la cantidad que debe pagar el usuario en función de las velocidades de la vía, el número de usuarios, etc.

En lo que se refiere al plazo de pago, normalmente queda acotado a unos días después del paso por la zona con tasa. En cuanto al método de pago, éste suele hacerse en establecimientos autorizados, a través de internet, teléfono móvil, directamente, etc.

Suelen estar exentos del pago de la tasa los vehículos de emergencia, los usuarios con minusvalías, los vehículos híbridos, etc. En la mayor parte de los casos (exceptuando Estocolmo), los residentes no pagan la tasa. No es así en el caso de los transportistas ni de los operadores logísticos, que sí la pagan.

• **Ventajas e inconvenientes**

Entre las ventajas de la medida destacan éstas:

- Los usuarios del autobús salen beneficiados, porque se produce un aumento de su velocidad comercial, su frecuencia de paso y su fiabilidad.
- En algunos casos, se ha observado un aumento del número de usuarios del transporte público.
- Se consiguen mejores condiciones de trabajo para los empleados del transporte.
- Los períodos de congestión intensa se reducen y, en consecuencia, se reduce también el tiempo para acceder a la ciudad.
- Se obtienen mejoras sustanciales en los niveles de contaminación en el centro de la ciudad.

Entre los inconvenientes de la medida destacan éstos:

- Probable reacción ciudadana y del comercio en contra del peaje (necesidad de campañas informativas).
- La mayor parte de los beneficios obtenidos de la medida son difícilmente cuantificables.
- Necesidad de invertir en tecnología.
- Hay que prever, y actuar en consecuencia, el posible aumento del número de usuarios del transporte público.
- Posibles efectos negativos en la frontera de la zona de peaje relacionados con la congestión.

Figura 38. Señalización de zona afectada por el peaje urbano en Londres.

• Recomendaciones

Hay que tener presente, pese a los beneficios mencionados, que éstos son, en gran medida, cualitativos y, por tanto, de difícil cuantificación económica. Por otra parte, hay que considerar la facilidad que se tiene para calcular los costes que debe asumir el usuario. Esto genera la necesidad de apoyar política y socialmente las iniciativas de este tipo con el objeto de que no fracasen.

Entre los factores que pueden contribuir a la aceptación de la tasa por congestión figuran éstos:

- Que las alternativas al vehículo privado sean de calidad, con servicios de autobús y tranvía competitivos en precio y tiempo. Por esto parece una buena opción que los ingresos de la tasa de congestión se reinviertan en la mejora del transporte público.
- Las ciudades con peores problemas de tránsito no son necesariamente aquellas en que la tasa por congestión será mejor recibida. Las ciudades con cuotas de transporte público elevadas están potencialmente mejor dispuestas.
- El sistema de precios y pago debe ser muy claro y fácil de aplicar. Hay que incorporar la complejidad de modo gradual para facilitar la adaptación.
- El sistema debe evolucionar, adaptándose a las necesidades de los usuarios. El plazo de pago, por ejemplo, se ha ido ampliando, a petición de los usuarios, en algunas de las ciudades donde el sistema está vigente.
- Es importante contar con el apoyo del estamento social y político, lo cual suele ser un reto de más envergadura que la viabilidad técnica.
- Como toda acción orientada a gestionar la movilidad, debe ir acompañada por una campaña de comunicación que explique que la situación es insostenible y que hay que actuar.

CASO 15. PEAJE URBANO EN SINGAPUR

Objetivos	El peaje urbano de Singapur afecta a las principales carreteras y autopistas y, también, a las zonas o los barrios más comerciales. La medida persigue estos objetivos: – Reducir el volumen de tránsito en las principales arterias de la ciudad. – Reducir el volumen de tránsito en las zonas comerciales. – Disminuir las emisiones contaminantes a la atmósfera.
Descripción	En la actualidad, el peaje funciona con un sistema electrónico (ERP), aunque se realizan pruebas para un nuevo sistema GPS. *Funcionamiento* – El sistema de pago funciona desde 1975, e inicialmente el control era visual. En 1998 se instaló el control electrónico. – Se han colocado puntos de control en las carreteras que comunican con el distrito económico central y con otras zonas, como el *Downtown Core*, donde se agrupan gran número de oficinas y rascacielos. Se han instalado también en las autopistas y las arterias de la ciudad en un intento de reducir la congestión en horas punta. – Los vehículos de Singapur deben llevar, obligatoriamente, un dispositivo electrónico (IU) que carga directamente los importes en la cuenta bancaria del titular del vehículo. Los vehículos visitantes pueden optar entre alquilar un IU y pagar una cuota diaria de 5 $. – El precio del peaje es variable. Depende de la hora del día y de las condiciones del tránsito (cuanto más denso es, más se paga). – El precio depende también del grado de ocupación de la vía. Los camiones grandes, por tanto, pagan más que los vehículos privados, y las motos la mitad de lo que pagan los automóviles. Sólo están eximidos del pago los autobuses y los vehículos de emergencia. *Principales ventajas* – Desde la implantación (1975), el volumen del tránsito se ha reducido a la mitad. – La velocidad media ha aumentado en un 20 %. – La capacidad viaria está mejor aprovechada. *Principales inconvenientes* – Aumento del tránsito en pequeñas carreteras excluidas del pago. Éstas, además, tienen menos capacidad y, por tanto, se forman grandes embotellamientos. – La medida está mal vista por los automovilistas.
ⓘ	Land Transport Authority Singapore (www.lta.gov.sg).

CASO 16. PEAJE URBANO EN ESTOCOLMO (SUECIA)

Objetivos	El peaje urbano de Estocolmo afecta las dieciocho vías de entrada y salida de la ciudad. Los principales objetivos que persigue la medida son: – Reducir la congestión en la entrada a la ciudad, reducir el número de vehículos a motor y, con ello, hacer el tránsito más fluido. – Fomentar el uso del transporte público y disminuir de ese modo la contaminación ambiental. – Incentivar el uso de vehículos movidos por energías renovables.

Descripción	*Funcionamiento*
	– Los peajes se instalan en las vías de entrada a la ciudad (dieciocho en total). En cada uno hay más de cien cámaras que leen automáticamente las matrículas de los vehículos. Los datos son remitidos, junto con los datos horarios, al centro de control de datos, donde se relaciona la matrícula con el propietario del vehículo.
	– El pago puede efectuarse a través de Internet, en el banco o en tiendas especializadas. Se ofrece también la posibilidad de emplear un dispositivo electrónico que, conectado con la cuenta bancaria del propietario del vehículo, permite hacer el pago automáticamente *(teletac)*.
	– Tuvo lugar un período de prueba de siete meses, entre enero y julio de 2006. Posteriormente fue ratificado en referéndum y, por último, validado.
	– El horario del peaje es de 6.30 h. a 18.30 h. los días laborables. De noche y los fines de semana es gratuito. El monto de la tasa es variable, pero es más alta en las horas punta de los días laborables. No hay ninguna clase de descuento o exención para los residentes.
	– Los vehículos con fuentes de energía limpias o poco contaminantes, como el etanol, los vehículos eléctricos, a gas natural, hidrógeno, etc., están exentos de la tasa.
	– Vehículos de otros tipos, como motocicletas, vehículos de emergencia y ciertos tipos de vehículos comerciales, están también exentos de pago. No hay ninguna clase de descuento o reducción para los residentes.
	– Se han abierto nuevas líneas de autobuses y se han reforzado líneas ya existentes. También se ha mejorado la frecuencia horaria de los trenes para incentivar su uso.
	– Están implicados en el proyecto:
	  - Gobierno central.
	  - Ayuntamiento de Estocolmo.
	  - Autoridad del Transporte de Estocolmo.

Principales ventajas

- El número de conductores que consideran que hay graves problemas de tránsito ha bajado del 50 % al 25 % (percepción positiva del tránsito).
- Reducción aproximada del 20 % del volumen de tránsito (aumento del transporte público).
- Duplicación de la velocidad media en las horas punta. Gran mejora en la eficiencia de los autobuses.
- Disminución de alrededor del 9-14 % en la contaminación atmosférica.

Principales inconvenientes

- Alto coste de inversión inicial (es necesario instalar controles en todas las vías de entrada a la ciudad, reforzar el transporte público, etc.).
- Quejas de los que viven fuera de la ciudad pero trabajan en ella.
- Quejas de algunos usuarios habituales del transporte público por masificaciones posteriores a la adopción del peaje.

(i)   The Official Gateway to Sweden (www.sweden.se).

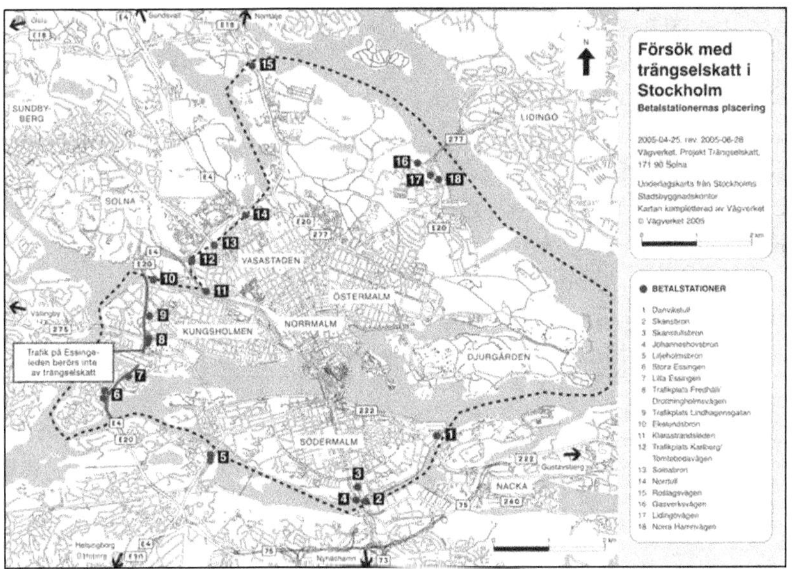

Figura 40. Mapa de las principales entradas y área de influencia del peaje urbano en Estocolmo, junto a sus tarifas de coste variable en función de la hora.

CASO 17. PEAJE URBANO EN LONDRES (REINO UNIDO)

Objetivos	El peaje urbano de Londres afecta el área central de la ciudad y cubre un área de 32 km^2 en total. La medida nació con estos objetivos: – Reducir la congestión viaria en la zona central de Londres. – Elevar la velocidad máxima y reducir el tiempo de viaje de los usuarios. – Mejorar la distribución de mercancías. – Conseguir grandes mejoras en la circulación de autobuses. – Mejorar la calidad ambiental y las condiciones de salubridad en el centro.

Descripción	*Esquema de funcionamiento*
	– Se realizó una consulta con los agentes sociales a lo largo de dieciocho meses. También se llevaron a cabo campañas informativas, con un teléfono de información y sitios web específicos. Los sondeos indicaron que la opinión pública estaba dividida en torno a esta medida, pero había una opinión mayoritaria a favor de llevar a cabo alguna acción para solucionar el problema de las congestiones.
	– La tasa de congestión, a diferencia de otros modelos de peaje urbano, es una cantidad fija de 12 € (7,5 € hasta 2005) que da derecho a acceder a la zona restringida de 7 h. a 18.30 h. de lunes a viernes.
	– Los residentes tienen un descuento del 90 % y los vehículos de servicio público, los no contaminantes y las motocicletas están exentos de pago.
	– El pago puede hacerse antes o después del acceso a la zona. Si se paga después, se dispone de tiempo hasta las 20 h., y a partir de esa hora se tramita la multa.
	– El pago puede hacerse por medio de Internet, mensajes SMS, máquinas de pago en la calle, por correo y por teléfono.
	– Un sistema de cámaras (688 en total) registra en una base de datos la matrícula de los vehículos que acceden a la zona restringida. Posteriormente, se compara con la base de datos que contiene los pagos y se tramitan las multas.
	– Están implicados en el proyecto:
	  - Ayuntamiento de Londres.
	  - Transport for London.
	  - Residentes, trabajadores y visitantes de la zona central de Londres.

Principales ventajas

– Reducción de la congestión en la zona restringida de un 30 %.

– Mejora de la velocidad comercial de los autobuses y aumento del número de usuarios.

– Reducción en un 18 % del tránsito en la zona restringida (menos vehículos privados y más autobuses y taxis).

– Ingresos de 131 millones de euros (2004 y 2005) invertidos en autofinanciar el sistema y mejorar la red de autobuses.

– Satisfacción de los residentes por la reducción de las congestiones y la mejora de la calidad del aire, ruido y transporte público.

– Disminución del 12 % en las emisiones de NO en la zona central y un porcentaje similar en la emisión de partículas en suspensión.

Principales inconvenientes

– Los datos más recientes indican un aumento de la congestión debido a la adaptación al peaje urbano.

– Asociaciones de comerciantes declaran una disminución de ventas del 5 % y perciben una disminución de ingresos.

– Los comerciantes del centro de Londres manifiestan no haber notado ninguna mejora en las operaciones de carga y descarga y avituallamiento desde la implantación de la medida.

ⓘ Transport for London (http://cclondon.tfl.gov.uk).

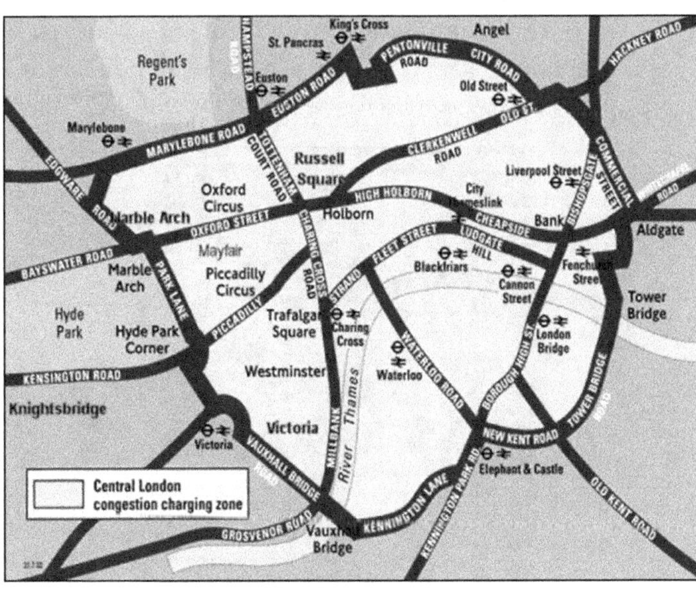

Figura 41. Indicación de peaje urbano.

Figura 42. Zona afectada por el peaje urbano en Londres.

4.3 *Gestión de la capacidad de la red: regulación y restricción de accesos*

- **Descripción y objetivos**

En general, hay que distinguir entre las acciones destinadas a la regulación y las destinadas a la restricción:

- *Regulación.* Apunta a que los vehículos de mercancías circulen por las vías más adecuadas en el interior de las ciudades. La finalidad es proteger determinados espacios urbanos de la presencia de ciertas tipologías de vehículos que podrían ocasionar molestias o conflictos.
- *Restricción.* Apunta a promover las zonas peatonales. Entre sus objetivos, que pueden ser diversos, destacan la protección de determinados espacios urbanos de valor arquitectónico, cultural o comercial de la presencia de vehículos a motor, la potenciación de la actividad comercial de una zona, etc.

- **Ventajas e inconvenientes**

Entre las ventajas de la medida destacan éstas:

- Evita paso de vehículos de mercancías por calles no adecuadas.
- Contribuye a potenciar el carácter comercial de una zona o barrio.
- Protege espacios de valor arquitectónico y cultural.
- Proporciona a los ciudadanos espacios donde pasear libremente.

Figura 43. Barrera física de entrada a una zona peatonal.

Figura 44. Señalización para zonas de prioridad peatonal.

Entre los inconvenientes de la medida destacan éstos:

- Requiere una concertación con los agentes implicados (sobre todo comerciantes).
- Es necesario realizar una buena señalización, indicando alternativas de paso.
- Hay que introducir tecnología para gestionar el sistema.

- **Recomendaciones**

  - *Adaptar el criterio de regulación de acceso a la ciudad en cuestión.* El criterio de limitación de acceso debe ser realista y estar adaptado a las particularidades de cada ciudad. En este modelo, la utilización de vehículos de gran tamaño puede causar más conflictos y molestias, pero la utilización de vehículos pequeños puede obligar al operador a un aumento del número de desplazamientos. Hay que tener presente esta consideración para los operadores que transportan un gran volumen de mercancías pero a un destino único, por ejemplo un gran centro comercial.
  - *Concertar con los agentes implicados.* Como en el caso de las ordenanzas, es necesario establecer una regulación consensuada con todos los agentes, de tal modo que se tomen en consideración las particularidades de cada uno de ellos.
  - *Caracterizar los vehículos afectados por la regulación o restricción.* Habitualmente se utiliza el indicador MMA (masa máxima autorizada), que ayuda a proteger los pavimentos más frágiles y a evitar el ruido y el humo en determinadas calles. Con todo, otros indicadores, tales como las dimensiones de los vehículos, los niveles de emisiones sonoras o el tipo de mercancía, serán más o menos eficientes según cuál sea el conflicto a resolver.

CASO 18. REGULACIÓN DEL ACCESO A LA ISLA PEATONAL DEL PORTAL DE L'ÀNGEL (BARCELONA)

Objetivos	La avenida del Portal de l'Àngel forma parte de una isla peatonal llamada «perímetro gótico norte». Este perímetro está delimitado por la plaza de Catalunya y las calles Fontanella, Via Laietana, Jaume I, Ferran y La Rambla. El objetivo principal perseguido por la medida fue potenciar el carácter comercial, turístico y de zona peatonal del perímetro en cuestión.
Descripción	La restricción en la isla peatonal establece que no puede circular en ella ningún vehículo en los horarios siguientes: – De lunes a sábado: de 11 h. a 15 h. y de 17 h. a 20 h. – Domingo: de 9 h. a 21 h. Fuera de este horario, los vehículos distribuidores pueden entrar y estacionar delante del comercio durante treinta minutos para efectuar la carga y descarga. La distribución en la isla peatonal está, pues, condicionada a los horarios en que la carga y descarga está permitida por la ordenanza municipal, y a la restricción de acceso para los vehículos. Por tanto, las ventanas de carga y descarga quedan restringidas tal como mostramos a continuación: La regulación del acceso llevó, al principio, a que tanto los comerciantes como los transportistas tuvieran que acostumbrarse al nuevo modelo de funcionamiento, el cual no les permitía operar tal como lo habían hecho hasta entonces. Después de un tiempo de adaptación, la medida se ha demostrado muy positiva y ha convertido esa calle en uno de los principales polos de atracción de la actividad comercial de la ciudad.
(i)	Ayuntamiento de Barcelona (www.bcn.cat).

- *Delimitar los horarios de las restricciones.* Habrá que conjugar los objetivos perseguidos con la realidad de cada zona. Hay, en este sentido, diversos ámbitos urbanos que requieren tratamientos diferenciados, tales como el centro urbano, el núcleo urbano, las zonas peatonales, etc.
- *Señalizar adecuadamente.* Las regulaciones o restricciones de accesos deben ir acompañadas por una señalización clara y visible, con la antelación suficiente.
- *Dar alternativas de paso.* Es conveniente que ciertas medidas restrictivas vayan acompañadas de alternativas que permitan a los operadores funcionar con normalidad. Un ejemplo de esto son las rutas de camiones, que podríamos clasificar en tres grupos:

Figura 45. Imagen de la avenida del Portal de l'Àngel, en Barcelona, durante la franja horaria de uso peatonal.

Figura 46. La avenida del Portal de l'Àngel, en Barcelona, durante la franja horaria de uso para carga y descarga.

CASO 19. RESTRICCIÓN DE ACCESOS EN EL CASCO ANTIGUO DE BURGOS

Objetivos	Esta medida se desarrolla a partir de febrero de 2005 con el objetivo principal de potenciar el carácter comercial, turístico y de zona peatonal del perímetro en cuestión. Los principales objetivos perseguidos fueron: – Establecer un área sin tráfico en el casco histórico de Burgos para favorecer su peatonalización. – Reducir la contaminación. – Reorganizar la gestión del tráfico alrededor del casco histórico.
Descripción	Establecer una política que restrinja el uso de los vehículos en el centro histórico de la ciudad a través de controles de accesos tales como un sistema de bolardos controlado por circuito cerrado de televisión. La medida de la restricción de accesos, forma parte de un extenso paquete de medidas que ha aplicado el ayuntamiento a partir del programa Civitas, entre las cuales destacan: – Nuevos vehículos y combustibles. – Estrategia y gestión de aparcamientos. – Calidad del transporte público. – Servicios de transporte colectivo. – Coche compartido *(car pooling)*. – Soluciones para la distribución urbana de mercancías. – Sistema de visualización del tráfico. Entre los resultados que han derivado de estas medidas, cabe destacar: – El 75 % de las calles del casco antiguo se convirtieron en calles peatonales. – Se instalaron 16 sistemas de bolardos. – Se redujo en un 97 % el tráfico en la zona. – 100 % de reducción en la circulación de vehículos pesados en áreas sensibles. – De acuerdo con los resultados de la evaluación del proyecto, la medida tuvo una aceptación del 84 %. – A nivel peatonal, hubo un incremento del 30 %. – A nivel de ciclistas ha habido un incremento del 200 %. Por lo que refiere a la organización de la distribución de mercancías en el perímetro mencionado, cabe destacar la reducción del tránsito de vehículos así como la introducción de vehículos más limpios para la distribución y la mejor regulación de las áreas de distribución. El proyecto ha contado con un reconocimiento internacional y la concesión de tres premios: Civitas City of the Year 2007, Ministerio de Industria 2006, Ategrús a la mejor iniciativa del biodiesel 2006, y ha sido finalista del premio GreenFleet 2008 a la flota de transporte público más limpia.
ⓘ	Proyecto Civitas (www.civitas-initiative.org).

Figura 47. Bolardo del proyecto Civitas en Burgos.

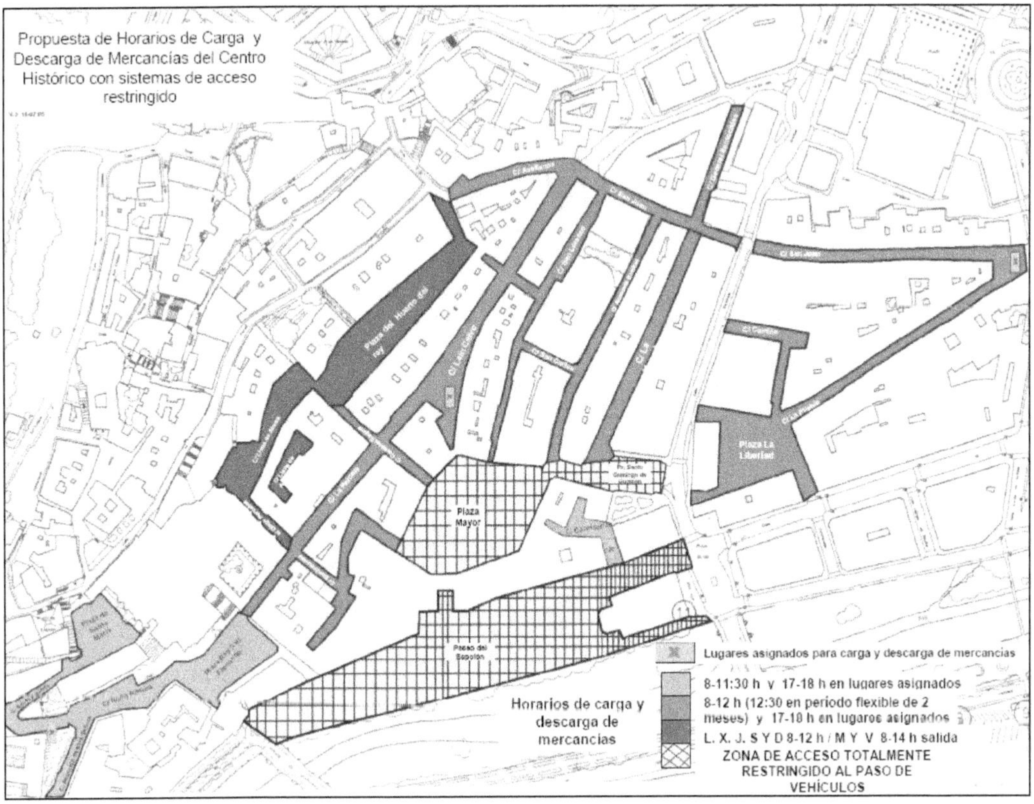

Figura 48. Mapa de planificación de los horarios de carga y descarga en el perímetro del casco histórico de Burgos.

- *Rutas estratégicas:* se utilizan las carreteras principales para desplazamientos largos entre puntos estratégicos.
- *Rutas de distribución zonal:* se trata de carreteras que enlazan las rutas estratégicas, y sirven de camino entre éstas y un área concreta.
- *Rutas de acceso local:* calles que permiten acceder a sitios determinados.

Las rutas deben incluir los diferentes niveles de carreteras y sus interconexiones, y hay que procurar que pasen por las zonas con más demanda de transporte de mercancías. Hay que tener cuidado, además, de que las carreteras elegidas sean «aptas» para vehículos de gran tamaño y peso.

La concertación con agentes implicados, y también la buena señalización de las rutas (tanto en carreteras como en mapas), son pilares básicos para el éxito de este tipo de medidas.

4.4 *Gestión de la capacidad del vehículo: aprovechamiento del factor de carga*

• Descripción y objetivos

Se entiende por *factor de carga* «la ratio que resulta de dividir la cantidad de carga que transporta un vehículo por su capacidad de carga máxima. Esta cantidad de carga puede medirse en masa (toneladas) o en volumen (litros)».

En los últimos años, el factor de carga ha aumentado ligeramente en ciertos países de la Unión Europea, pero en la mayor parte de los sitios este factor se ha mantenido estable.

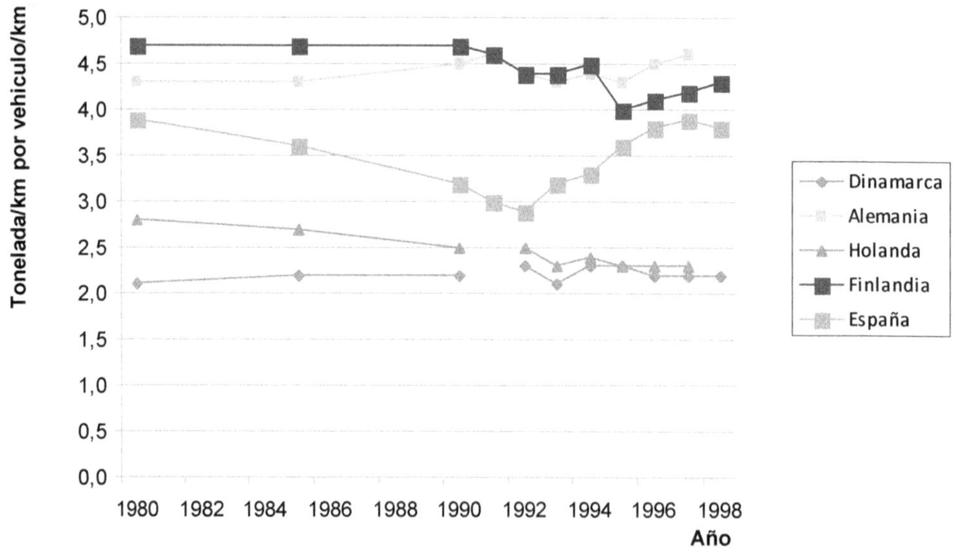

Figura 49. Factores de carga en el transporte por carretera. Fuente: Eurostat 2001.

El factor de carga resulta un buen indicador cuando se trata de calibrar la eficiencia de las empresas de transporte en sus operaciones. Aunque no existen, a escala europea, grandes objetivos para aumentar el grado de carga de los vehículos, ciertos Estados miembros han puesto en marcha iniciativas para mejorar la eficiencia del transporte de mercancías.

- *Alemania.* Se ha adoptado la iniciativa de minimizar los viajes en vacío y, en general, aumentar la eficiencia del transporte por medio de las tecnologías de la comunicación y la información.
- *Reino Unido.* Se respaldan los esfuerzos del tejido industrial para detectar oportunidades de reducir los viajes tanto en vacío como con un bajo nivel de carga, mediante la inversión en nuevas tecnologías, como la de la información, que facilitan la carga compartida y una mejor planificación de las rutas.
- *Dinamarca.* El gobierno danés subvenciona proyectos prácticos cuyo objetivo sea promover un transporte más respetuoso con el medio ambiente. En este contexto, hay mucho interés en mejorar el grado de carga de los camiones, tanto en larga distancia como en la distribución urbana.
- *Finlandia.* Se realizan proyectos para conseguir una distribución de mercancías más eficiente y, con ello, reducir el crecimiento del sector del transporte (se incluyen aquí proyectos para el crecimiento del factor de carga). Dichos proyectos, como los de otros países europeos, apuestan también por la tecnología como medio de consecución.

Según se ha podido comprobar, las tecnologías de la información y la comunicación desempeñan un papel decisivo en el camino hacia la eficiencia del transporte. En el curso de los últimos años, dichas tecnologías han posibilitado a las empresas optimizar sus rutas y el factor de carga de sus vehículos; con todo, queda mucho camino por recorrer.

- **Ventajas e inconvenientes**

Entre las ventajas de la medida destacan éstas:

- Disminuyen globalmente el consumo de combustible y, con él, las emisiones.
- Se evitan viajes en vacío.
- Se obtiene una mayor eficiencia del transporte y una disminución de costes.

Entre los inconvenientes de la medida destacan éstos:

- Exigencia de un esfuerzo de planificación por parte de las empresas privadas.
- Necesidad de invertir en programas informáticos para optimizar los flujos.

- **Recomendaciones**

  – Tener presente que el diseño del formato de los bultos en función del tipo de vehículo que los transportará puede ser muy útil para conseguir mejoras en el aprovechamiento del factor de carga. Esto puede suponer para las empresas un ahorro en distancias, combustible, etc.

  – En este aspecto, destaca el productor francés de patata triturada llamado VICO, que cambió las dimensiones de sus cajas de embalaje para mejorar los factores de carga de los vehículos utilizados para la distribución. Combinando esta acción con la introducción de programas informáticos especializados en la optimización del desplazamiento, el grado de carga aumentó en un 60 %. En un año, y con un número parecido de bultos transportados, el número de los vehículos necesarios se redujo en 2.000 (de 10.000 a 8.000), las distancias recorridas se redujeron en 960.000 km y el consumo de combustible en 300.000 l. Destaquemos que el coste de la inversión fue de 60.000 € y el tiempo de retorno de dicha inversión fue inferior a un mes.

  – La tecnología es una herramienta muy potente en la optimización de la distribución urbana de una empresa. La inversión inicial puede recuperarse rápidamente gracias a importantes mejoras en la eficiencia de los desplazamientos.

  – Las experiencias de prueba son la base de futuras actuaciones para la mejora de la logística urbana. En este sentido, experiencias como la realizada en Copenhague, donde los vehículos con factores de carga superiores al 60 % disponían de ciertas preferencias o de zonas de carga reservadas, contribuyen a la mejora de la eficiencia del transporte.

  – Un grado más elevado de interlocución entre empresas con tipologías de productos similares podría suponer un avance significativo hacia la mejora de los factores de carga en ámbito urbano. Esto podría contribuir a la realización de una planificación conjunta que permitiría aminorar el porcentaje de los viajes en vacío.

Figura 50. Vehículo utilizado en Bristol (Reino Unido) en el proyecto Start.

CASO 20. PROYECTO START
(SHORT TERM ACTIONS TO REORGANIZE TRANSPORT OF GOODS)

Objetivos	Ante un modelo actual de distribución de mercancías que no es energéticamente eficiente y que emite gases contaminantes a la atmósfera, el proyecto Start establece objetivos a corto plazo y combina las acciones de restringir el acceso con centros de consolidación e incentivos destinados a hacer más sostenible el transporte de mercancías. Participan en el proyecto las ciudades de Bristol (Reino Unido), Gotemburgo (Suecia), Ljubljana (Eslovenia), Rávena (Italia) y Riga (Letonia), que se han unido a colaboradores locales. Se han introducido y desarrollado medidas que benefician los negocios y a los ciudadanos, hacen más eficiente la distribución de mercancías y reducen la contaminación emitida. Los planteamientos del proyecto Start se basan en una estrecha colaboración entre las autoridades públicas locales, empresas de transporte y negocios locales, con establecimiento de redes de transporte local en cada una de las ciudades participantes. Las redes mencionadas serán objeto de reuniones periódicas para analizar el estado del proyecto.
Descripción	Las acciones que se han llevado a cabo para el proyecto se traducen en: *Restricciones de acceso* – Desarrollar zonas de protección ambiental con aproximadamente tres niveles de restricción en función del factor de carga (Gotemburgo). – Introducir restricciones de acceso al centro de la ciudad (Ravena, Riga). – Introducir restricciones de acceso y medidas de prioridad para promover la eficiencia del transporte de mercancías (Bristol). *Centros de consolidación* – Añadir vendedores adicionales a la experiencia del centro de consolidación ya puesto en marcha (hasta un total de sesenta), lo cual permite conseguir una reducción estimada en el 50 % en los desplazamientos de mercancías y doblar el factor de carga. – Poner en marcha un centro de consolidación con el objeto de reducir la movilidad de mercancías en una zona delimitada y aumentar el factor de carga de los vehículos (Gotemburgo, Ravena). – Desarrollar un concepto innovador de modelo logístico de una ciudad (Ljubljana). *Incentivos* – Desarrollo de incentivos para vehículos con elevados factores de carga o «vehículos limpios» (Gotemburgo). – Campaña de promoción para introducir vehículos de biocombustible (Riga).
(i)	Proyecto Start (www.start-project.org).

Figura 51. Proyecto Start en Ravena (Italia).

5 Acciones de sostenibilidad

5.1 *Vehículos con menores emisiones (gases contaminantes y de efecto invernadero)*

• **Descripción y objetivos**

El principal objetivo de esta medida es adaptar la distribución urbana de mercancías a las nuevas exigencias medioambientales de las ciudades y reducir al mínimo posible las emisiones de gases de efecto invernadero y de partículas en suspensión derivadas de la utilización de combustibles fósiles tradicionales, básicamente petróleo.

Existen diferentes soluciones a la sustitución de los combustibles tradicionales. Algunas de las soluciones desarrolladas en los años recientes son éstas:

- Gas natural vehicular.
- Hidrógeno.
- Biocombustibles (bioetanol y biodiesel).
- Vehículos eléctricos e híbridos.
- Vehículos de tecnología convencional en conformidad con directivas tales como la Euro III y la Euro IV.
- Bicicletas o triciclos de propulsión mecánica o eléctrica.

• **Ventajas e inconvenientes**

Entre las ventajas de la medida destacan éstas:

- Los vehículos movidos por combustibles alternativos son más respetuosos con el medio ambiente (menos emisiones de gases contaminantes y de efecto invernadero).
- Los vehículos movidos por combustibles alternativos suelen ser más silenciosos.
- Contribuyen a la diversificación de las fuentes de combustible y optimizan la utilización de recursos.
- En ciertos casos, como el del gas natural, el coste de combustible por kilómetro es inferior.

Entre los inconvenientes de la medida destacan éstos:

- En ciertos casos, la tecnología se encuentra todavía en proceso de desarrollo y mejora.
- Los vehículos movidos por combustibles alternativos requieren normalmente más inversión superior que los vehículos que funcionan con combustibles «tradicionales».
- Dada su permeabilidad, todavía baja, en el mercado del automóvil, hay escasez de puntos de recarga de combustible.
- Es necesaria la formación del personal.

• **Recomendaciones**

La introducción de vehículos ecológicos en las flotas de los operadores es fruto de la iniciativa privada. Los vehículos con sistemas de propulsión alternativos tienen un coste superior al de los vehículos convencionales; con todo, la administración puede incentivar su introducción por medio de medidas tales como:

- Subvenciones directas para la adquisición de vehículos ecológicos.
- Subvenciones a la sustitución de vehículos viejos.
- Incentivos para la adquisición del vehículo ecológico mediante prerrogativas tales como: reducción o exención de impuestos, horarios de carga y descarga más amplios, acceso a las zonas peatonales.
- El fomento de la cultura del vehículo ecológico por medio de la incorporación de vehículos alternativos en las flotas municipales: parques y jardines, servicios municipales, etc.
- La concesión a los vehículos ecológicos de ciertas ventajas tales como zonas de carga y descarga de uso preferente.

CASO 21. VEHÍCULOS ELÉCTRICOS. PROYECTO ELCIDIS EN ROTTERDAM (HOLANDA)

Objetivos	El principal objetivo del proyecto fue demostrar la viabilidad del uso de vehículos eléctricos en la distribución urbana de mercancías, demostrar los beneficios medioambientales y, además, promover el uso de este tipo de vehículos.
Descripción	Se trata de un proyecto impulsado por la administración local de Rotterdam y la Asociación Europea de Ciudades Interesadas en Vehículos Eléctricos (Citelec). El proyecto está incluido, además, en el Programa de Energía de la Comisión Europea. – Elcidis es un proyecto europeo que trata de resolver el problema medioambiental del transporte, por dos vías: por una parte, la instalación de los llamados centros de consolidación urbana y, por otra, la sustitución de los vehículos convencionales dedicados a la distribución urbana por vehículos «limpios» o ecológicos. – En Rotterdam, tres compañías (TPG, VGL y NPD) concentran más del 70 % de la distribución urbana de mercancías, la cual se realizaba mediante furgonetas o camiones pequeños. Con el proyecto Elcidis, el reparto en la ciudad y cercanías pasa a hacerse por medio de vehículos eléctricos o mixtos, que realizan envíos a una cincuentena de direcciones cada día en un único viaje. Esto condiciona que los vehículos tengan la autonomía y la capacidad de carga suficientes para que se pueda continuar con el mismo sistema de envíos. Exponemos en la tabla siguiente los vehículos utilizados:

Núm.	Tipo de vehículo	Tipo de batería	Carga (kg)
3	Furgoneta eléctrica *Mercedes Sprint*	6x Zebra Z5C	1.250
4	Furgoneta eléctrica *Mercedes Sprint*	12x Zebra Z5C	1.000-1.500

ⓘ	Proyecto Elcidis (www.elcidis.org).

Figura 52. Camión en la zona de bajas emisiones, en Londres.

Figura 53. Señalización de la zona de bajas emisiones en Londres.

Caso 22. Zona de bajas emisiones en Londres (Reino Unido)

Objetivos	El ayuntamiento de Londres ha impulsado la zona de bajas emisiones *(low emission zone)*. Se trata de una zona del área metropolitana de Londres en la que se busca que los vehículos diesel más contaminantes cumplan unas normativas estipuladas en cuanto a emisión de gases contaminantes. Los vehículos que no las cumplen deben pagar una tasa diaria. El objetivo final de la medida es mejorar la calidad del aire en Londres, una de las ciudades con más contaminación de Europa, y se pretende, por tanto, conseguir que los vehículos circulen sin pagar la tasa, o sea, cumpliendo con los requisitos normativos.
Descripción	La normativa afecta unos determinados tipos de vehículos y prevé unos plazos estipulados en cada caso: – Desde 2008 hay que circular en un nivel de emisiones Euro III. Esta normativa afecta los vehículos de transporte de mercancías de entre 4,5 y 12 t y los autobuses de más de 5 t. – A partir de 2010 deberán circular al nivel Euro III las furgonetas de menos de 3,5 t y los microbuses de menos de 5 t de peso. – A partir de 2012 deberán circular al nivel Euro III los vehículos de mercancías, caravanas y vehículos especializados de más de 12 t, además de los autobuses y autocares de más de 5 t de peso bruto. *Pago.* Hay que pagar una tarifa cada día que el vehículo circule dentro de la zona y no cumpla los estándares de emisiones exigidos. Las tarifas se aplican los 365 días del año.
(i)	Transport for London (www.tfl.gov.uk).

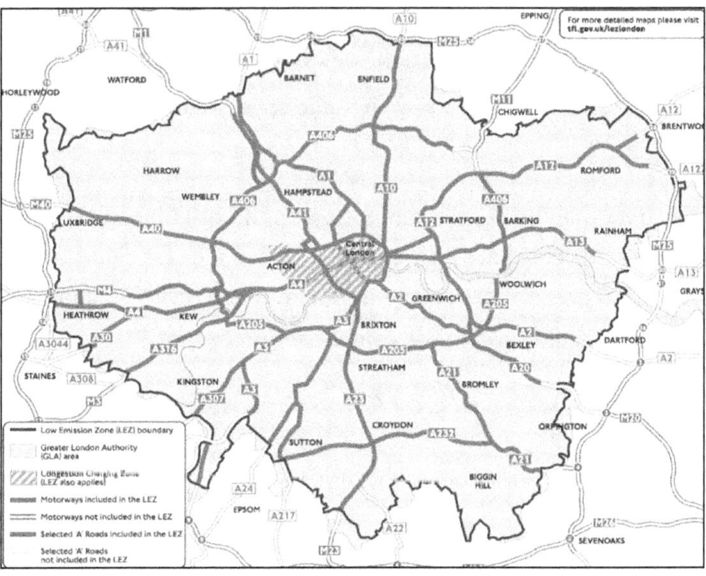

Figura 54. Mapa de definición del área de influencia de la zona de bajas emisiones de Londres.

CASO 23. DISTRIBUCIÓN DE COMIDA CON VEHÍCULOS DE GAS NATURAL COMPRIMIDO EN TURÍN (ITALIA)

Objetivos	El objetivo, fundamentalmente social o ambiental, de esta medida es reducir las emisiones de gases contaminantes en la zona central de la ciudad de Turín. El logro comporta, además, un beneficio económico dado que, por normativas municipales, los vehículos que circulan con gas natural comprimido (GNC) tienen acceso ilimitado al centro de la ciudad.
Descripción	La iniciativa contó con la introducción de veintinueve furgonetas accionadas por gas natural comprimido en la flota, cuyo total era de setenta y nueve vehículos, de una empresa de distribución de alimentos. Se calcula que la empresa transporta anualmente 10.000.000 kg de alimentos y recorre unos 4.000.000 km. La compañía está muy satisfecha de los vehículos de gas natural comprimido, desde los puntos de vista medioambiental, económico y técnico. Resalta que estos vehículos tienen grandes ventajas respecto a los vehículos diesel: – Los costes de carburante son inferiores a los de los vehículos diesel (diesel 1,178 €/l, GNC 0,815 €/m^3). – Acceso al centro de la ciudad sin restricciones ni limitaciones. – Ventajas en la adjudicación de contratos con la administración pública para las empresas con vehículos propulsados por energías alternativas. – Mantenimiento muy similar al de los vehículos diesel. – Bajo coste de revisiones y mantenimiento (aprox. 200 € cada cuatro años). – Disponibilidad de talleres autorizados para control/mantenimiento de los vehículos. Pero la compañía señala también una serie de inconvenientes respecto a los vehículos diesel: – Menor durabilidad del motor (alrededor de 140.000 km). – Menor capacidad de carga debido al volumen de los cilindros de gas. – Menores prestaciones del motor (aunque en tránsito urbano esto no importa).
(i)	Ayuntamiento de Turín (www.comune.torino.it).

Caso 24. Vehículos eléctricos. Proyecto EVD–POST

Objetivos	Los principales objetivos del proyecto EVD-POST apuntaban a: – Poner a prueba diversos sistemas de baterías con diferente funcionamiento y en diferentes condiciones climáticas. – Poner a prueba diversos sistemas de baterías en relación a diferentes criterios técnicos y económicos. – Establecer y extender un conocimiento básico de los vehículos eléctricos en Europa. – Promover un empleo más amplio de vehículos eléctricos en usos postales y otros usos.
Descripción	El proyecto implicó a: – Cinco organizaciones postales de distintos países: Alemania, Suecia, Finlandia, Francia y Bélgica. – Tres socios «no postales» de Finlandia. – La Asociación Europea de Ciudades Interesadas en Vehículos Eléctricos (Citelec). – Un grupo de cinco observadores que representaban los servicios postales del Reino Unido, Portugal, Italia, Irlanda y Noruega. El proyecto, llevado a cabo en el período 1998-2000, fue coordinado desde el servicio postal de la ciudad de Bonn (Alemania). En total se pusieron en funcionamiento sesenta y un vehículos eléctricos: – El primer año se pusieron en funcionamiento cuarenta y nueve vehículos en Francia, Bélgica y Finlandia. Todos funcionaban con baterías convencionales de níquel-cadmio. – El primer semestre de 1999, entraron en funcionamiento otros seis vehículos en la *Posten Sveriege* de Suecia. – A finales de 1999, el servicio postal de Alemania puso en marcha seis vehículos nuevos que funcionaban con un sistema de batería avanzado de sodio-cloruro de nitrato (Zebra). Cuando el proyecto finalizó, los vehículos en su conjunto habían recorrido más de 930.000 km, con un consumo de energía de entre 35 y 60 kWh por cada 100 km, variando según el caso. Esto supone una reducción de consumo de energía de entre un 10 % y un 25 % respecto a un vehículo de gasolina o diesel de las mismas características.
ⓘ	www.evdpost.com. www.elcidis.org. www.thermie-transport.org. www.cordis.lu/eesd/home.html. europa.eu.int/comm/energy_transport/en/cut_en.html.

Ejemplo del proyecto EVD–POST en Suecia

Posten AB es una empresa pública dedicada al servicio postal y da servicio a más de cuatro millones de hogares y cerca de 500.000 empresas. La empresa procesa aproximadamente 2,2 millones de artículos de correo al día, repartidos por una flota de 5.900 vehículos motorizados.

El *Club Car Carryall 2* es un vehículo eléctrico ligero utilizado en actividades diversas, tanto industriales como de ocio (aeropuertos, campos de golf, etc.). Este vehículo ofrece un fácil almacenamiento de paquetes en su parte posterior, a la que se accede fácilmente desde el asiento del conductor. La maniobrabilidad del vehículo es sencilla y, si bien no alcanza una velocidad punta elevada, su aceleración hace que se adapte perfectamente al tipo de tránsito de las zonas residenciales en las que se realizan los servicios postales.

Originalmente, los coches iban equipados con baterías de zinc-aire. Los primeros resultados, sin embargo, fueron desalentadores, y la empresa decidió sustituirlos por coches eléctricos ligeros (LEV). A medida que se iba avanzando en la experiencia, el vehículo fue siendo adaptado a las necesidades específicas de cada tipo de entrega, de modo que los conductores no tuvieran que bajar del vehículo (un vehículo hacía unas 400 entregas diarias).

Los vehículos se utilizaban para realizar las entregas en Nacka, una ciudad de 56.000 habitantes situada a 8 km de Estocolmo. Dadas las características de la zona (es montañosa, con casas dispersas en el territorio), se hizo subir la capacidad y la autonomía de las baterías en un 40 %, y en ciertos casos se redujo el diámetro de las ruedas para facilitar la puesta en marcha en subidas.

Finalmente, la empresa tuvo éxito y la empresa adquirió un total de 200 LEV para una flota total de 500 vehículos de tres y cuatro ruedas destinados al servicio postal.

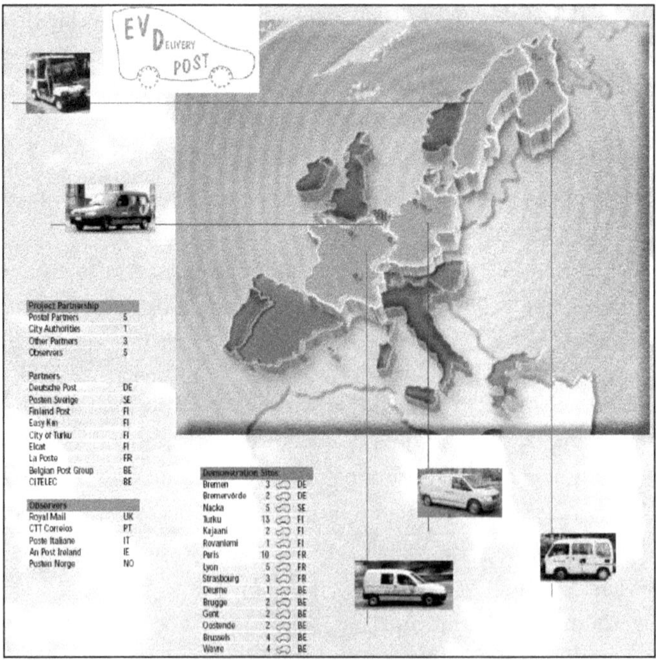

Figura 55. Ciudades participantes en el proyecto EVD-POST.

CASO 25. CITYCARGO: DISTRIBUCIÓN DE MERCANCÍA POR MEDIO DE TRANVÍAS DE CARGA EN ÁMSTERDAM (HOLANDA)

Objetivos	El objetivo es el de conseguir un aumento de la calidad de vida, gracias a una reducción del flujo de tráfico de camiones en el centro urbano y al desvío del flujo mayoritario a la periferia. También se espera obtener la reducción de los costes de mantenimiento de las calles debido al menor número de camiones pesados que los utilizan.
Descripción	*Prueba piloto* CityCargo estuvo operando dos tranvías de carga en la red de tranvía existente entre marzo y abril de 2007. Los tranvías de carga formaron parte de un proyecto piloto para establecer la utilidad de los mismos para distribuir mercaderías en el centro urbano. Durante la prueba, los camiones abastecieron los tranvías de carga en Aker, última estación de la línea 1 de tranvía. Los tranvías recorrían una ruta seleccionada especialmente a través de la ciudad entre las 7 a.m. y las 11p.m. En la ruta se establecieron dos puntos de transferencia en los que las mercancías se descargaban en pequeños vehículos eléctricos (E-cars) para librar la mercancía al destinatario final. Durante el proyecto dos tranvías adaptados especialmente, operaron en el centro urbano. En las primeras dos semanas los tranvías viajaron vacíos, para evaluar la situación del tráfico a lo largo de la ruta. Durante la segunda fase, los tranvías transportaron mercancías. Debido al éxito del proyecto piloto, CityCargo Ámsterdam tiene permiso para usar la red de tranvías de Ámsterdam para el transporte de mercancías. *Ventajas* – Los horarios de los tranvías de pasajeros no se ven afectados por los tranvías de carga, dado que los mismos no se detienen en las paradas de pasajeros. – Las preocupaciones respecto a la capacidad del sistema de transporte existente han sido mitigadas, dado que la mayoría de las rutas tienen capacidad para más tranvías de pasajeros que los que funcionan actualmente. – El sistema es muy rentable y eficiente, dado que un tranvía puede transportar la misma cantidad que 4 camiones de 7,5 t. – La estimación de los aspectos relacionados con la salud y el medioambiente traerá menor contaminación interurbana (una reducción de hasta el 16 % de material compuesto de partículas, CO_2 y NO_x). – Menor contaminación acústica en la ciudad. *Inconvenientes* – CityCargo no es apto para transportar todos los tipos de mercancías. Es el caso de los materiales de construcción, debido al tamaño y naturaleza de los mismos.

<table>
<tr><td></td><td>

De proyecto piloto a realidad

– El proyecto CityCargo comenzó a operar de forma comercial desde mediados de 2009 con una flota de cinco tranvías de carga, 47 E-cars y un centro de distribución.

– Cuando el proyecto esté en pleno rodaje, la flota aumentará a 42 tranvías de carga, 611 E-cars y dos centros de distribución.

– A largo plazo, los tranvías reemplazarán 2.500 camiones de suministro diarios.

Cabe señalar, además, que la empresa CityCargo ha recibido una concesión para operar durante diez años.

</td></tr>
<tr><td>ⓘ</td><td>

Proyecto Elcidis (www.elcidis.org).
CityCargo (www.citycargo.nl).

</td></tr>
</table>

Figura 56. Imagen del tranvía de carga de CityCargo, en Ámsterdam.

Figura 57. Imagen del vehículo de distribución desde el tranvía.

CASO 26. ZONA DE BAJAS EMISIONES EN MADRID (EN ESTUDIO)

Objetivos	El establecimiento de una zona de emisión baja (ZEB) tiene por objeto definir una zona de la trama urbana en que se limita el acceso de aquellos vehículos que, por su tecnología, tienen mayores tasas de emisión de gases contaminantes y de efecto invernadero. La zona de control abarcará el interior de la autovía de circunvalación M-30.
Descripción	*Principales agentes involucrados* – Ayuntamiento de Madrid. – Asociaciones de vecinos. – Asociaciones de transportistas. – Fabricantes de vehículos. – Taxistas. – Empresa Municipal de Transportes (EMT). – Operadores de autobuses interurbanos. – Operadores de flotas. – Cámara Oficial de Comercio e Industria de Madrid. – Confederación Empresarial de Madrid. *Principales ventajas a conseguir* – Reducción de la contaminación acústica. – Reducción de la congestión. – Reducción de la siniestralidad y de las consecuencias de los accidentes. – Reducción del consumo de combustible. *Principales inconvenientes* – Incremento de las necesidades de inspección (asumidas por el Cuerpo de Agentes de la Movilidad, la Policía Municipal y el Cuerpo de Vigilantes del SER), que serán dimensionadas convenientemente. *Indicadores de seguimiento* – IMD media del municipio. – IMD en el interior de las zonas ZEB. – Vehículos no autorizados detectados. – Petición del distintivo de entrada en la ZEB. – Vehículos que causan baja según su antigüedad. – Distribución del parque de vehículos en función de su antigüedad.

Criterios de admisión (en estudio)

Se plantea la posibilidad que la medida afecte al conjunto de los vehículos (tráfico pesado de camiones o autobuses, taxis, el transporte de mercancías y de reparto, vehículos privados, etc.) En concreto, sólo podrán acceder al centro de Madrid «los vehículos que cumplan la norma Euro-3», es decir, aquellos fabricados después de 2001. No obstante, los residentes podrían no verse afectados.

Efectos previstos

	2004	*2010*	*Reducción (%)*
NOx (t)	16.750	8.789	47,5 %
CO (t)	96.431	82.477	14,5 %
PM (t)	1.120	704	37,1 %
CO_2 (kt)	4.227	3.895,8	7,8 %

Proyecto Elcidis (www.elcidis.org).

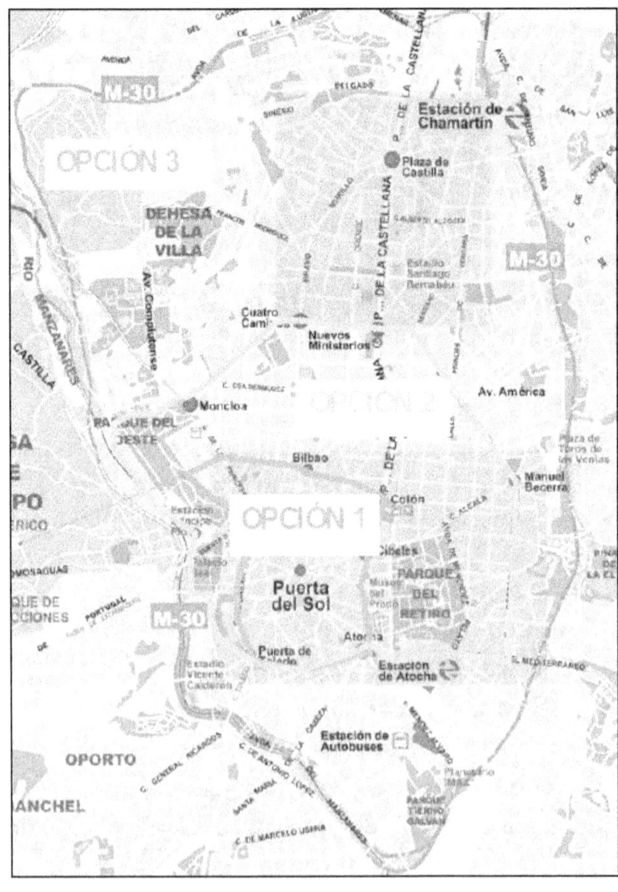

Figura 58. Zonas de emisión baja en estudio en Madrid.
Fuente: Fundación Movilidad.

5.2   Vehículos con menor impacto acústico

• Descripción y objetivos

Uno de los retos más generalizados en las ciudades europeas es reducir al máximo las molestias ocasionadas a sus habitantes por la contaminación acústica generada por el tránsito rodado y la operativa de los vehículos de mercancías.

Destaquemos que, si bien existe una tecnología lo bastante avanzada para minimizar los niveles sonoros de los vehículos y de las operativas, muchas empresas no la adoptan por el coste añadido que hacerlo supone. La adopción de esa tecnología se hace, sin embargo, imprescindible para las empresas que realizan transporte nocturno de mercancías, debido a la exigencia normativa que se les aplica.

Es importante destacar que la contaminación acústica generada por un camión del año 1970 equivale a la que generaban doce camiones en el año 2000, lo cual pone de manifiesto que ha tenido lugar una importante evolución tecnológica (fuente: Renault Trucks).

Entre los sistemas de reducción del impacto acústico, destacan:

Sistemas de refrigeración silenciosos *(figura 59)*
Los esfuerzos se concentran en el aislamiento de la caja del sistema de refrigeración (posición y fijación), desarrollo de motores de bajas revoluciones, tecnologías que desvinculen el sistema de refrigeración de la actividad del motor del camión, etc. Se han conseguido reducciones de un 60 % del ruido, reducciones de costes de mantenimiento y de emisiones.

Insonorización (interior camión y pavimento de zonas de carga y descarga *(figura 60)*
Se realiza una insonorización por medio de láminas compactadas de *composites,* a alta presión de capas de medio centímetro de plástico líquido que solidifica con gran densidad, espacios de poliuretano y caucho granulado, etc. Estas soluciones han conseguido reducciones de hasta 20 dB(A).

Ruedas silenciosas *(figura 61)*
Se incluyen conceptos tales como el diseño de ruedas de plástico blando, cojinetes, juntas, antivibración *(silent blocks),* estructuras mecánicas que fomenten un contacto permanente con el suelo, etc. Esta acción se ha convertido en fundamental para reducir el ruido de camiones y transpalés.

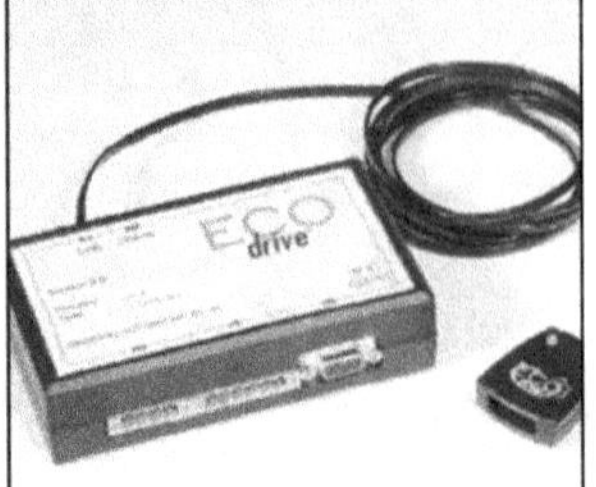

Dispositivo limitador de velocidad y revoluciones *(figura 62)*
Ante un número máximo de revoluciones o un límite de velocidad, el dispositivo corta la admisión y no permite que se sobrepase ese valor. Se limita de este modo el ruido y el consumo de combustible. En el futuro, el dispositivo podría conectarse automáticamente (vía GPS) en la entrada a una ciudad.

Persianas eléctricas *(figura 63)*
Se incorporan conceptos tales como cierres silenciosos, contactos rodados y plastificados en las guías, persiana de plástico (reducción de peso) y la incorporación y automatización con ayuda de motores eléctricos que frenan la puerta cuando alcanza el punto máximo de apertura o cierre. Este mecanismo ayuda a cumplir las exigencias legislativas, dado que se sitúa por debajo de los 57 dB.

Cierre silencioso de las puertas *(figura 64)*
Se implantan sistemas de retención de las puertas, se eliminan los contactos directos metal/metal, se incorporan juntas de caucho e, incluso, se hacen pruebas con sistemas eléctricos automáticos y sistemas de presión que aporten la presión ideal para el cierre.

Tecnologías antivibración de los sistemas de tracción *(figura 65)*
El ruido de los sistemas de tracción está en relación directa con la velocidad de rotación de los elementos de tracción. Los esfuerzos se centran en el aislamiento acústico del motor y el árbol de tracción. Con estos sistemas se consigue no sobrepasar los 65 dB(A).

Sistemas de sujeción de la carga *(figura 66)*
La retención de la carga reduce el ruido global en marcha. Se ha optado por una solución sencilla que consiste en una barra resistente fijada en un raíl engastado al lado de toda la zona de carga del camión. Para reducir el ruido del contacto metal/metal, se aplica una capa de elementos antifricción.

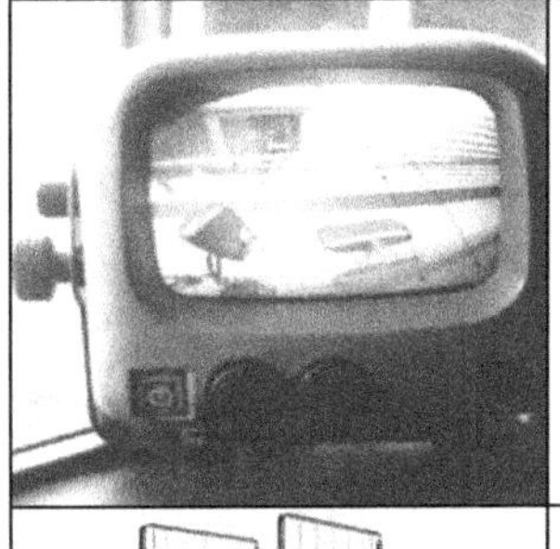

Sistemas de cámaras *(figura 67)*
Son elementos de control pensados para sustituir el sistema de alerta de marcha atrás, que genera 110 dB(A). Unas cámaras captan lo que ocurre en la parte posterior y a los lados del camión. El sistema puede ampliarse con un sensor de posición. Este elemento reduce el ruido y aumenta la seguridad viaria.

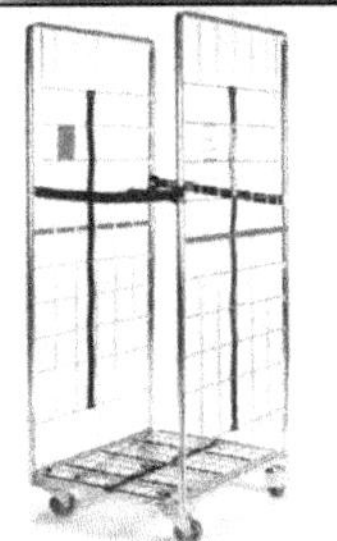

Roll container (combi silencioso) *(figura 68)*
Se adoptan conceptos tales como ruedas elásticas de goma que evitan vibraciones y evitan que se superen los 55 dB(A) (antes más de 80 dB), figuran ahí los recubrimientos elásticos que actúan de parachoques, los elementos de sujeción de carga y los *silent blocks* (conexión de las ruedas con la estructura metálica).

- **Ventajas e inconvenientes**

Entre las ventajas de la medida destacan éstas:

- Mejora la calidad de vida en las ciudades y contribuye a reducir la contaminación acústica.
- Se deja de causar molestias a los vecinos en horario de descanso.
- Garantiza que no se sobrepasen los límites de decibelios señalados por los municipios.

Entre los inconvenientes de la medida destacan éstos:

- La inversión necesaria es superior que en los vehículos convencionales.
- Es necesaria, en el caso de algunas de las tecnologías, la formación del personal.

- **Recomendaciones**

Para garantizar que no se superen los límites de contaminación acústica señalados por las ordenanzas municipales, hay que contribuir a:

- Promover, mediante subvenciones o ventajas fiscales, que las empresas incorporen a su parque de camiones y a su operativa los últimos avances en tecnología de reducción de ruidos.

– Mejorar la formación del personal. Toda persona relacionada con la actividad debe cobrar conciencia de los beneficios de la reducción del ruido y adoptar, en consecuencia, una metodología de trabajo orientada a la reducción de los niveles acústicos. Campañas internas de la empresa, campañas municipales, cursos de formación, códigos de buenas prácticas, etc., deben informar sobre todo lo relacionado con la contaminación acústica.

CASO 27. PIEK PROGRAMM EN HOLANDA

Objetivos	El objetivo fundamental era adaptar los vehículos de 65.000 empresas afectadas por las nuevas legislaciones contra el ruido ambiental.

Descripción	– Fue un programa a largo plazo (1999-2004), puesto en práctica en Holanda, que pretendía investigar nuevas tecnologías que permitiesen cumplir las nuevas exigencias legislativas sobre emisiones sonoras.
	– Fue un trabajo conjunto de tres ministerios (Construcción, Planificación del Espacio y Medio Ambiente; Asuntos Económicos; Transporte, Obras Públicas y Gestión del Agua).
	– Las restricciones sonoras en Holanda son de 65 dB de 19 h. a 23 h. y de 60 dB de 23 h. a 7 h.
	– El programa básico se descomponía en diez proyectos, entre los que destacan:
	  - Estudio de vehículos silenciosos para distribución (hasta 7,5 t de carga).
	  - Estudio de vehículos silenciosos para distribución (más de 7,5 t de carga).
	  - Estudio de sistemas de refrigeración a bordo más silenciosos.
	  - Carretillas elevadoras con horquillas silenciosas.
	  - Reducción de ruido de contenedores rodantes y transportadores de palés manuales o motorizados.
	  - Desarrollo de la propulsión eléctrica o híbrida.
	– Algunos de los mecanismos de reducción de ruido utilizados fueron:
	  - Dispositivo limitador de velocidad y revoluciones.
	  - Persianas de los camiones eléctricas.
	  - Sistemas de refrigeración integrados y silenciosos.
	  - Ruedas de transportadores de carga silenciosas.
	  - Cierre de puertas silencioso.
	  - Tecnologías antivibración de los sistemas de tracción, etc.

(i)	Piek Programm (www.piek.org).

6   Acciones de infraestructura

6.1   Diseño/implantación de zonas de carga y descarga

- **Descripción y objetivos**

Las zonas de carga y descarga son espacios de la vía pública situados en las proximidades de los establecimientos comerciales y reservados para uso exclusivo de la carga y descarga de mercancías. Es una de las actuaciones más generalizadas en el marco de la gestión municipal del espacio urbano.

El principal objetivo de esta medida es permitir la operativa de carga y descarga en la vía pública sin interferencia con la libre circulación del resto de sus usuarios.

- **Ventajas e inconvenientes**

Entre las ventajas de la medida destacan éstas:

- Los agentes de la distribución urbana de mercancías disponen de un espacio reservado en exclusiva.
- El estacionamiento de vehículos dedicados a la distribución urbana en zonas no adecuadas disminuye parcialmente.

Figura 69. Punto de carga y descarga respetuoso con el medio ambiente en Bremen (Alemania).

CASO 28. PUNTOS DE CARGA Y DESCARGA RESPETUOSOS CON EL MEDIO AMBIENTE

Objetivos	La experiencia, realizada en Bremen (Alemania), persigue: – Incentivar el uso de vehículos con bajas emisiones contaminantes (Euro V). – Acelerar la renovación de las flotas de vehículos de transporte de mercancías. – Optimizar los servicios de reparto en el centro de la ciudad.
Descripción	*Marco* – En muchas ciudades europeas, el límite de partículas regulado (PM10) se supera a menudo. Además, se espera que en el futuro las nuevas regulaciones sean más restrictivas (PM2.5), tanto para partículas como para NO. – La iniciativa surge del acuerdo entre el ayuntamiento, una importante compañía de transportes y el proveedor de gas local. Dicha iniciativa se enmarca en el proyecto Parfum. – El proyecto Parfum pretende ser un nexo de unión entre los resultados de la investigación y desarrollo y la implantación global de soluciones para la reducción de la contaminación causada por el transporte, especialmente partículas en suspensión y NO. *Funcionamiento* – Las actividades de carga y descarga sólo se permiten hasta las 11 h. en las zonas peatonales. El punto de carga ecológico permitirá a los vehículos que cumplan la normativa Euro V de emisiones efectuar tareas de carga y descarga en el horario que se prohíbe al resto de vehículos. – Para que la implantación tenga éxito, el Ayuntamiento de Bremen prevé llevar a cabo un proceso de concertación. *Principales ventajas* – La incentivación del uso de vehículos con menos emisiones que cumplan la restrictiva normativa Euro V. – Reducción de emisiones contaminantes. Los nuevos vehículos a gas natural comprimido prácticamente no emiten partículas, y las emisiones de NO_2 son inferiores en un 80 % por comparación con el estándar Euro IV. *Principales inconvenientes* – Los costes derivados de la renovación de las flotas o de su adaptación.
(i)	Ayuntamiento de Bremen (www.umwelt.bremen.de).

Figura 70. Trato preferente para los vehículos respetuosos con el medio ambiente en Bremen (Alemania).

Entre los inconvenientes de la medida destacan éstos:

— Es necesario un seguimiento periódico de las zonas para evitar que los usuarios autorizados sobrepasen el tiempo permitido y, sobre todo, para que los vehículos no autorizados no estacionen.

• **Recomendaciones**

— Definir la tipología y las dimensiones de las zonas de carga y descarga según los tipos de establecimientos comerciales. La actuación que se llevará a cabo variará sensiblemente en función del tejido comercial al que se presta servicio (gran centro comercial, calle comercial, calle de tránsito restringido, etc.).
— Establecer una franja horaria amplia que cubra los horarios comerciales.
— Establecer un límite de tiempo para la operación de carga y descarga e incentivar con ello la rotación (por ejemplo, treinta minutos). Es aconsejable, en este sentido, la utilización de algún sistema de control del tiempo de estacionamiento (disco horario, dispositivos *ITS*, etc.).
— Habitualmente, la utilización de estas zonas está limitada a un determinado tipo de vehículos para evitar su uso inadecuado.
— La medida debe ir acompañada por una señalización clara y visible.
— Prever la posibilidad de introducir la medida en combinación con acciones de sostenibilidad como, por ejemplo, reservar plazas a vehículos más respetuosos con el medio ambiente.

CASO 29. CARRILES «MULTIUSO» EN BARCELONA

Objetivos	Los carrilles con multiplicidad de uso permiten adaptar la utilización del carril en función de la necesidad más crítica, ya sea para tareas de carga a ciertas horas del día, ya para aparcamiento o libre circulación. Dichos carriles contribuyen a: – Aumentar la capacidad de carga y descarga en calles muy comerciales. – Mejorar la fluidez del tránsito. – Reducir el uso del transporte privado.
Descripción	Se trata de carriles con señalización variable que especifica el uso del carril: – En horas punta, de lunes a sábado, funciona como carril bus. – El resto del día, fuera de las horas punta de los días laborables, funciona como carril para efectuar maniobras de carga y descarga. – La noche de los días laborables, domingos y festivos, funciona como zona de libre aparcamiento. El primer carril se instaló en 1998 y sigue hoy en funcionamiento. Está prevista la futura instalación de nuevos carriles «multiuso». *Usuarios afectados* Comerciantes de la calle, transportistas que abastecen a comercios, vecinos, autobuses, taxis y usuarios de este medio de transporte. *Balance de la experiencia* – Reducción del tiempo de viaje en estas calles de entre un 12-15 %. – Reducción de los estacionamientos ilegales, tanto de vehículos privados como en detenciones de carga y descarga. Eliminación de los estacionamientos en doble fila. – Mejor aprovechamiento global de la calzada.
ⓘ	Ayuntamiento de Barcelona (www.bcn.cat).

6.2 *Los espacios logísticos urbanos (centros de consolidación urbana)*

• Descripción y objetivos

Entendemos por *centro de consolidación urbana* (CCU) «una instalación logística situada relativamente cerca del área geográfica a la que sirve (sea un centro urbano, una ciudad entera o un sitio específico, por ejemplo un centro comercial) en la que numerosas empresas de logística entregan sus productos destinados a la zona en cuestión. Desde estos centros se realizan los repartos y se proporcionan servicios de logística y comercio de valor añadido».

En función del objetivo, pueden diferenciarse tres tipologías de centro de consolidación urbana:

*Figura 71. Centro de consolidación urbana utilizado en una prueba piloto
en Barcelona (barrio de Sant Andreu).*

- *CCU que abastece a un municipio.* El área varía desde un área específica de comercios en el centro de la ciudad hasta, incluso, una ciudad entera (caso de la Rochelle).
- *CCU que abastece a una única dirección.* Creados para prestar servicio a una actividad concreta (caso del CCU comercial del aeropuerto de Heathrow, Londres).
- *Proyectos especiales de CCU.* Normalmente se han puesto en funcionamiento con fines no comerciales, y han prestado servicio a una zona específica en un período de tiempo determinado (caso del material de construcción en Heathrow y Estocolmo).

• **Ventajas e inconvenientes**

Entre las ventajas e inconvenientes de la medida destacan los señalados en la tabla 8.

• **Recomendaciones**

- Para que un centro de consolidación urbana tenga éxito, es necesario conciliar los intereses de transportistas, comerciantes y la Administración. Sin la colaboración de estos tres agentes, son altas las probabilidades de que la iniciativa no prospere.
- La experiencia de poner en marcha un centro de consolidación urbana requiere una inversión inicial que debe ser suficiente para comprobar si es viable. Si bien no se conocen casos de centros que funcionen con autofinanciación, éste debe ser el objetivo al que se debe aspirar.

	Ventajas	*Inconvenientes*
Transporte	– Reduce tanto el tiempo de transporte como la distancia recorrida y el tiempo destinado al transporte. – Aumenta la eficiencia en la relación volumen/peso de los vehículos. – Mejora sustancial de los espacios destinados a carga y descarga.	– La creación de un nuevo punto de entrega puede impedir el ahorro en transporte en distribuciones futuras.
Otras actividades de la cadena de suministro	– Ofrece la posibilidad de mejorar el control de la cadena de suministro para reducir costes y mejorar el servicio: - Mejora la gestión de almacén (control del inventario). - Facilita el control de la calidad y cantidad del producto.	– Pérdida de la relación directa entre proveedores y consumidores. – Dificultades para organizar operaciones: requisitos de almacenamiento y manipulación (productos variados).
Aspectos económicos	– Aumenta la eficiencia en el proceso de suministro, de modo que se reduce el coste por unidad de transporte.	– Costes elevados para la creación del CCU (alto precio del suelo, equipamientos nuevos, etc.).
Aspectos sociales y ambientales	– Reduce el número de vehículos de mercancías que circulan en área urbana. – Posibilita la utilización de vehículos respetuosos con el medio ambiente (menos emisiones y ruido, etc.) y la entrega en franjas horarias no convencionales.	– Posibilidad de que aparezcan monopolios.

Tabla 8. Ventajas e inconvenientes de los centros de consolidación urbana (CCU).

– En el momento de sacar balance de una experiencia de implantación de un centro de consolidación urbana hay que tomar en consideración, aparte de los costes y beneficios sobre la cadena de suministro, los beneficios derivados de mejoras ambientales.

– No todos los productos son adecuados para ser gestionados por un centro de consolidación urbana. Los productos perecederos o sensibles al paso del tiempo y los productos con necesidades específicas de manipulación no son los más adecuados para este tipo de instalaciones.

– Es importante que los centros estén situados en las proximidades de la zona a la que deben prestar servicio, sin estar insertos en ella, para evitar que los camiones de gran tonelaje deban entrar.

CASO 30. CASOS EN QUE UN CENTRO DE CONSOLIDACIÓN URBANA
ABASTECE A UN MUNICIPIO: BRISTOL (REINO UNIDO)

Objetivos	– Aportar ventajas de consolidación a proveedores y vendedores, mejorar la cadena de suministro y ofrecer servicios de valor añadido. – Mejorar la calidad de vida de la sociedad, reducir la congestión, mejorar la calidad del aire e incrementar el reciclaje de residuos.
Descripción	La experiencia, llevada a cabo por el Ayuntamiento de Bristol en colaboración con la empresa DHL, fue financiada por la Unión Europea a través del proyecto Vivaldi (Civitas). Estuvieron involucrados en la experiencia cincuenta y un establecimientos del área comercial de Broadmed, desde grandes almacenes de la calle principal hasta comercios independientes de pequeñas dimensiones. Estuvo especialmente representado el sector de la confección y, en concreto, el de la moda. La experiencia reunió las siguientes características: – En general, el horario permitido para las entregas era de 5 h. a 8 h. y de 18 h. a 20 h. – Los clientes para el período de prueba fueron de mercancías no perecederas, de dimensiones medianas y valor elevado. – El centro de consolidación urbana estaba situado cerca de una red de carreteras estratégica, disponía de 465 m², y el tiempo de desplazamiento entre el centro y Broadmed era de veinticinco minutos. – El reparto se realizó con dos vehículos de motor convencional Euro III, uno de 7,5 t y el otro de 17 t. – El centro de consolidación urbana ofrecía servicios de valor añadido. – DHL ha efectuado pruebas con un vehículo eléctrico de 9 t. *Balance de la experiencia* – El número de carretillas que circularon por el centro pasó de ciento una en mayo de 2004 a cuatrocientas en diciembre de 2004. – Se redujo en un 68 % el número de desplazamientos de vehículos al centro de Bristol de los comerciantes acogidos al proyecto. – En octubre de 2005 se ahorraron 42.772 km totales de vehículos. Esta cifra equivale al ahorro de 5,29 t de emisiones de CO_2, 0,8 kg de NO y 11 kg de emisiones de PM10.
(i)	BESTUFS (www.bestufs.net). Proyecto Start (www.start-project.org).

– Hay que tener también presente que, cuanto mayor sca la distancia entre el centro de consolidación y la zona de entregas, tanto mayor será el beneficio ambiental, dado que en la última milla pueden utilizarse vehículos más respetuosos con el medio ambiente.

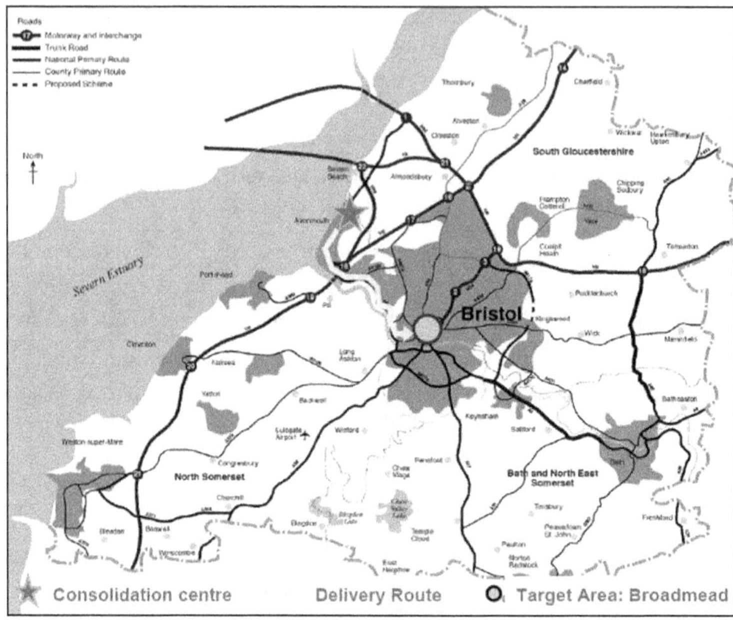

Figura 72. Esquema de funcionamiento del centro de consolidación urbana de Bristol.

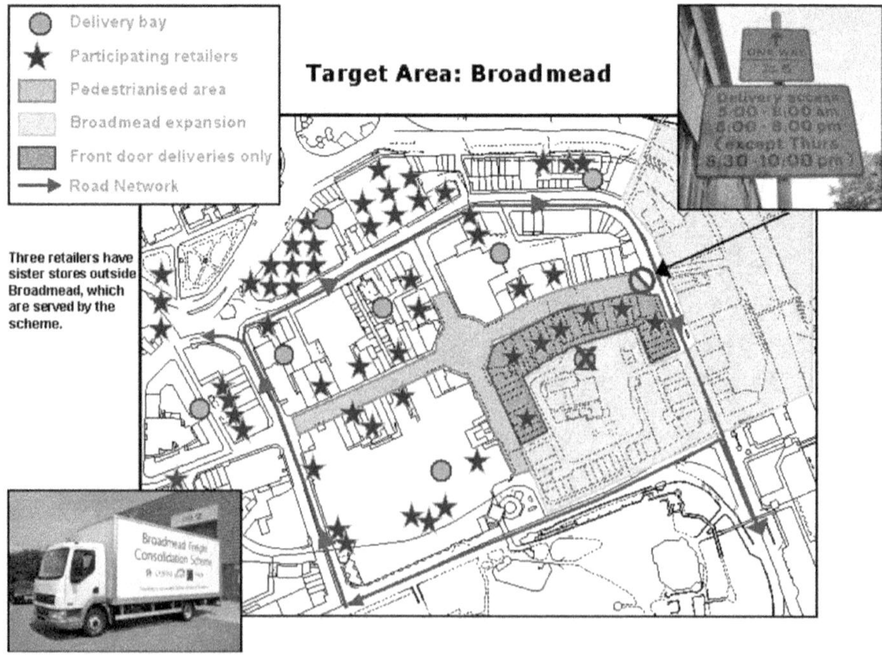

*Figura 73. Zona de influencia del centro de consolidación urbana de Bristol
y ubicación de los comercios participantes.*

CASO 31. CASOS EN QUE UN CENTRO DE CONSOLIDACIÓN URBANA ABASTECE A UN MUNICIPIO (LA ROCHELLE) (FRANCIA)

Objetivos	– Facilitar la distribución y contribuir al desarrollo económico del centro. – Potenciar el uso de vehículos respetuosos con el medio ambiente. – Racionalizar el uso de la vía pública para todos los usuarios implicados. – Mejorar la movilidad (descongestionar) en el centro de la ciudad.
Descripción	El proyecto fue impulsado y coordinado por la Communauté d'Agglomération (CdA) de la Rochelle. Otros colaboradores fueron: la Chambre de Commerce et d'Industrie (CCI) de la Rochelle, la sociedad de comercio de la Rochelle, transportistas y el Programme de Recherche et d'Innovation dans les Transports Terrestres (PREDIT). El proyecto se dividió en dos partes: una de estudios técnicos (1999-2000) y otra de experimentación que se inició al comienzo del año 2001. Las características de la experiencia fueron las siguientes: – La experiencia se llevó a cabo en el centro histórico de la ciudad (1,5 km × 1,2 km), con 1.300 comercios. – Plataforma urbana de carga y descarga y utilización de vehículos eléctricos para las entregas en el centro de la ciudad. – Ordenanza de circulación: prohibía la entrada al centro a vehículos de >3,5 t, salvo de 6 h. a 7.30 h., una franja horaria en la que podía circular cualquier vehículo (2001). – Gestión de la empresa privada Transports Genty, tras concurso público. – El ayuntamiento y la CDA proporcionaron lo siguiente: un local para aliviar al centro de consolidación urbana, vehículos eléctricos de distribución (cinco *Berlingo* eléctricos, un *Berlingo* frigorífico, un vehículo de >3,5 t eléctrico), ordenadores y el mobiliario de oficina. – Financiación por subvención pública. *Balance de la experiencia* – La plataforma distribuyó alrededor de cuatrocientos bultos diarios, lo cual suponía entre diez y doce palés. Esta cantidad equivale al 70 % de las entregas en el núcleo histórico. La capacidad total fue aproximadamente de seiscientos bultos diarios. – Se ofrecían servicios tales como el almacenamiento o la selección de embalaje. No hubo política de duración de la existencia máxima porque había espacio suficiente. – Se crearon nuevos servicios para conseguir que el centro de consolidación urbana fuese viable económicamente: entregas a domicilio (particulares y empresas), potenciación de las entregas por vía fluvial, mejora de las prestaciones, etc.
(i)	*Transport de marchandise en ville* (www.tmv.transports.equipement.gouv.fr).

CASO 32. CASOS EN QUE UN CENTRO DE CONSOLIDACIÓN URBANA ABASTECE A UN MUNICIPIO (BORDEAUX) (FRANCIA)

Objetivos	– Facilitar el trabajo de los transportistas. – Experimentar un nuevo modelo de servicio para la distribución en el centro de la ciudad. – Reducir el flujo de vehículos de entrega en el centro de la ciudad y rebajar las molestias y la contaminación que generan.
Descripción	El proyecto fue impulsado por la Cámara del Comercio y la Industria de Bordeaux (CCIB), en colaboración con otras entidades tales como la Comunidad Urbana de Bordeaux (CUB), la Federación de Transportistas, la Asociación de Comerciantes, etc. También trabajaron en el proyecto gabinetes de estudios asociados. El proyecto se llevó a cabo en dos fases: una de estudios teóricos (2001-2002) y otra de experimentación que se inició en 2003. Las características de la experiencia fueron las siguientes: – Los principales usuarios fueron las empresas de mensajería y de transporte urgente. Las encuestas entre comerciantes y transportistas reflejaron un alto grado de satisfacción. – Gestión del proyecto experimental encargada a la asociación de desarrollo de servicios de Aquitaine, bajo el control de la CCIB. – Financiación de la Agencia Francesa de Gestión del Medio Ambiente (Ademe), conjuntamente con el CCIB y el CUB. El volumen de financiación fue disminuyendo (90 % en 2003, 50 % en 2004 y 15 % en 2005). – Fue necesario modificar algunas ordenanzas municipales. – Se experimentó con vehículos de transporte urbano eléctricos. *Balance de la experiencia* – Actualmente, el servicio es gestionado por la empresa llamada La Petite Reine. Este tipo de servicio se realiza en Bordeaux, Dijon, París y Rouen. – Balance muy positivo globalmente (en las cuatro ciudades); en 2006 la empresa movió seiscientos mil bultos, que equivalen a 210.000 km recorridos. – La empresa cuenta con cincuenta y tres vehículos de carga y cincuenta empleados en Francia. – Aumento de facturación notable en los últimos años (en 2001 se facturaron 27.900 € y en 2007 1.300.000 €). – Disminución de las molestias causadas por los vehículos de entrega y mejora de condiciones de acceso y de carga y descarga para los transportistas.
ⓘ	*Transport de marchandise en ville* (www.tmv.transports.equipement.gouv.fr). La Petite Reine (http://lapetitereine.com).

CASO 33. CASOS EN QUE UN CENTRO DE CONSOLIDACIÓN URBANA ABASTECE UN DISTRITO (SANT ANDREU, EN BARCELONA)

Objetivos	– Disminuir el tránsito de vehículos comerciales mediante una plataforma urbana de distribución con un proceso de ruptura de carga y modificación de la distribución capilar. – Aumentar la flexibilidad y el rendimiento en las operaciones de los distribuidores. – Aumentar la zona de almacén de los puntos de venta. – Conseguir una mayor flexibilidad en las operaciones de reposición en los puntos de venta, para minimizar el efecto de la reposición en los clientes de los establecimientos.
Descripción	Esta experiencia fue impulsada principalmente por el distrito de Sant Andreu, el Eje Comercial de Sant Andreu, Fundació Barcelona Comerç y el Sector de Seguridad y Movilidad del Ayuntamiento de Barcelona. Colaboraron también la empresa SABA y la iniciativa municipal Año del Comercio como patrocinadores. Se realizó una prueba entre marzo y mayo de 2007, con las características siguientes: – Participaron en la experiencia diecisiete comercios locales y cinco empresas de transporte que debían abastecerlos. – La gestión de la microplataforma fue encargada a la empresa de mensajería Trèvol. – Se habilitó un local de 160 m² para la plataforma que, sumado a tres vehículos eléctricos y una bicicleta, resultaba en una capacidad operativa de 45 m³/día. – Se crearon cinco nuevas plazas de carga y descarga de uso exclusivo para los vehículos de la prueba. *Balance de la experiencia* – Se realizaron cuarenta y seis entregas, el 80 % de las cuales llegaba por la mañana a la plataforma, desde donde se remitían al destino final en menos de dos horas. – La valoración, tanto de comerciantes como de transportistas, fue muy positiva, si bien tanto los unos como los otros reclamaron la participación de más comercios y la ampliación del ámbito de actuación. – El nivel de actividad experimentado limitó las conclusiones respecto a las operaciones y los sistemas logísticos.
ⓘ	Ayuntamiento de Barcelona (www.bcn.cat).

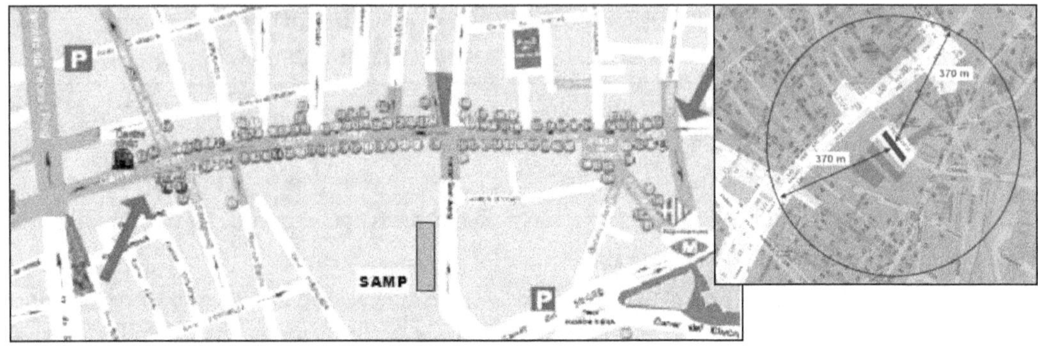

Figura 74. Establecimientos con potencial para participar en la prueba del barrio de Sant Andreu (Barcelona) y radio de acción del centro de consolidación urbana.

	Vehículo eléctrico TRÈVOL (Aixam-Mega) —Capacidad de carga: máximo volumen, 3 m³. Máximo peso, 400 kg. — Autonomía: 45 km.
	Vehículo eléctrico ADTS / Eco-Car (Bellier) — Capacidad de carga: 2,55 m³/100-400 kg. — Autonomía: 60 km.
	Vehículo eléctrico AUTOS CONCHITA (Aixam-Mega) — Capacidad de carga: 3 m³/100-400 kg. — Autonomía: 45 km.

Figura 75. Descripción de los vehículos utilizados para la experiencia del centro de consolidación urbana del barrio de Sant Andreu (Barcelona).

Caso 34. Casos en que un centro de consolidación urbana abastece a un distrito: centro histórico de Málaga

Objetivos	El Ayuntamiento de Málaga apuesta con esta actuación por la concentración de la actividad de carga y descarga en un centro especializado como es el Centro de Distribución de Mercancías de calle Camas.
Descripción	El Centro Urbano de Distribución Ecológica (CUDE) dispone de una superficie de 3.000 m² y se encuentra ubicado en la primera planta del aparcamiento de la calle Camas. El horario del CUDE es de 8.00 a 20.00 horas, de lunes a viernes, aunque existe flexibilidad en el horario de apertura si alguna empresa necesita repartir los sábados o en horario distinto al ofertado. *Principales agentes involucrados* Actualmente, el CUDE cuenta con una ocupación alrededor del 50 % y es una iniciativa pionera en España, impulsada por el ayuntamiento de la capital y la Federación Empresarial del Transporte de Málaga (Fetrama). En la experiencia ya hay incorporadas cuarenta importantes agencias de transporte. *Distribución desde el CUDE* Desde el inicio de la experiencia se suprimió por decreto la circulación en la zona de grandes camiones para carga y descarga. Por ello, la organización del CUDE permite repartir con vehículos no contaminantes los productos a los comercios del centro histórico. Se ofrecen vehículos eléctricos que sirven para distribuir las mercancías a los más de mil comercios del casco antiguo de la ciudad. *Política de incentivación del uso* Cabe destacar que el centro de distribución de mercancías ofrece gratis las dos primeras horas de aparcamiento, con el objetivo de llevar a cabo una promoción que aumente los niveles de demanda. *Datos sobre productividad y operativa del centro* – La casi totalidad de usuarios del CUDE son empresas de paquetería industrial y de mensajería. – El año 2007, después de tres años y ocho meses de funcionamiento, se cerró con 125.040 expediciones y 870.240 paquetes repartidos en el centro histórico, lo que representa un total de 8,2 millones de kilogramos y un aumento respecto a 2006 de un 10 %. – Las operaciones de transporte con origen o destino el CUDE que se realizan en las instalaciones se centran en un 70 % de los casos por la mañana (sobre todo de 9.30 a 11.00 h.) y el resto, por la tarde.
ⓘ	Ayuntamiento de Málaga (Delegación de Movilidad).

CASO 35. CASOS EN QUE UN CENTRO DE CONSOLIDACIÓN URBANA
ABASTECE UN ÚNICO DESTINO: AEROPUERTO DE HEATHROW (REINO UNIDO)

Objetivos	– Reducir el número de desplazamientos dentro del aeropuerto y disminuir su congestión. – Conseguir mejoras en la seguridad y contribuir a la mejora medioambiental. – Reducir los costes de manipulación y mejorar el reparto a las unidades comerciales, así como la gestión de los residuos.
Descripción	La experiencia partió de una colaboración entre British Airport Authority y un proveedor de servicios logísticos (Exel). El funcionamiento de la experiencia fue el siguiente: – El centro de consolidación urbana aprovisionó a la mayor parte de los comercios de las cuatro terminales del aeropuerto de Heathrow. La experiencia, que se inició en 2000, incluyó, en 2001, las instalaciones de refrigeración y congelación. – Todas las entregas (excepto de la prensa y los artículos de gran valor) se hicieron en un centro de consolidación urbana externo al perímetro aeroportuario. Las entregas pasaban un control de seguridad y eran clasificadas en carretillas según el destino. – El servicio incluía el reparto a los locales individuales a cargo de un equipo instalado dentro de cada terminal, y la devolución de los embalajes y residuos al depósito. – Almacén de 2.320 m² (325 m² refrigerados) y 1.500 jaulas de seguridad. – Colaboraron cuarenta y tres trabajadores, entre operarios, personal administrativo y directivos. – Funcionó las 24 h. del día los siete días de la semana. – Hubo tres vehículos urbanos articulados y tres vehículos rígidos. *Balance de la experiencia* Es muy positiva por los motivos siguientes: – En 2004 llegaron al centro de consolidación urbana veinte mil vehículos, lo cual significó cuarenta y cinco mil entregas a los comercios, hechas en cinco mil desplazamientos. – De los doscientos cuarenta comercios de las terminales, ciento noventa utilizaron el centro de consolidación urbana. – Se redujo en un 70 % el número de viajes de los vehículos que transportaban productos que pasaban por el centro de consolidación urbana. – Se calcula que en 2004 hubo un ahorro de recorrido de 144.000 km. Esto equivale a reducir las emisiones en cosa de 3.100 kg de CO_2 por semana en 2004.
ⓘ	BESTUFS (www.bestufs.net).

CASO 36. CASOS ESPECIALES DE CENTRO DE CONSOLIDACIÓN URBANA. CASO DE DEDICACIÓN A LA CONSTRUCCIÓN: HAMMARBY (SUECIA)

Objetivos	– Minimizar el impacto sobre los residentes causado por el desarrollo urbanístico que está en curso en Suecia (construcción de ocho mil apartamentos en total). – Eliminar los vehículos de distribución no coordinados que realizan desplazamientos por la zona en busca de su punto de entrega.

Descripción	El centro de consolidación urbana, que entró en actividad en 2001, está previsto que continúe hasta el final del proyecto de edificación (2010).
	La experiencia reúne las características siguientes:
	
	– Las entregas de los materiales de construcción se realizan a través del centro de consolidación urbana, donde se etiquetan y almacenan por el breve período anterior a su entrega «justo a tiempo».
	– El período máximo ideal de almacenamiento es de cinco días.
	– Las entregas se realizan agrupando según «embalajes de actividad», ya que así lo requiere la empresa constructora.
	– Los artículos a granel, como el hormigón y el acero, no pasan por el centro de consolidación urbana. La entrega se coordina mediante el sistema de programación web, y de este modo se evita la coincidencia de diferentes entregas.
	– El centro de consolidación urbana está a la entrada del sitio de construcción y consiste en:
	  - Diez trabajadores, entre la zona de oficinas y el almacén (8.000 m²).
	  - Ocho vehículos de mercancías (Euro IV estándar), que realizan los repartos en la zona de construcción.
	
	Sitio web y sistema de supervisión
	– La gestión está subcontratada a una empresa que garantiza el funcionamiento del centro de consolidación urbana (adquisición y mantenimiento de la flota, contratación del personal, gestión de almacén y oficina y sistema de supervisión en red).
	
	Balance de la experiencia
	Es positivo porque:
	
	– Se calcula que cada camión que realiza una entrega con este sistema equivale a cuatro o cinco camiones en caso de no existir el centro.
	– Se entregan setecientas toneladas diarias, con una media de 1,5 t por entrega.
	– Se ha conseguido reducir el consumo de energía y el volumen de emisiones de modo significativo.

ⓘ	BESTUFS (www.bestufs.net).

CASO 37. DISTRIBUCIÓN DE PRODUCTOS DE CONSUMO POR FERROCARRIL AL CENTRO DE PARÍS DESDE LOS ALMACENES DE UNA CADENA DE SUPERMERCADOS (FRANCIA)

Objetivos	La cadena francesa de supermercados Monoprix distribuye sus mercancías por ferrocarril a un total de veintisiete de sus centros en París. Si bien la empresa también distribuye de modo viario, la cadena tiene como objetivo el reforzar los tráficos ferroviarios, debido a la congestión viaria que padecen los alrededores y el centro de la capital de Francia.
Descripción	El primer tren de Monoprix empezó a circular el 25 de noviembre de 2007. Inicialmente circuló un tren diario, con cinco vagones (veintidós vagones diarios en 2008), hasta Bercy desde los almacenes de Monoprix en Combs-la-Ville y Lieusaint, en el departamento de Seine-et-Marne, en las proximidades de la región de París. Se transportaban productos del hogar y de perfumería. En Bercy se descargaba el tren y la carga era transferida a una flota de catorce furgonetas. Los vehículos funcionaban con gas natural y distribuían la carga, inicialmente, a veintisiete centros Monoprix del centro de París. Hoy, el objetivo es llegar a los sesenta establecimientos. En otras siete ciudades de la región de París y, en general, en otras ciudades afectadas por la congestión, se está estudiando seguir el ejemplo de París. La gestión de los trenes va a cargo de SNCF Fret, y se ha subcontratado a la empresa VFLI para realizar la clasificación y la descarga en Bercy. Las terminales urbanas no requieren más que contar con el espacio suficiente para permitir el trasbordo directo del vagón ferroviario al camión (las operaciones más complejas han de realizarse en almacenes logísticos externos a las ciudades). Aparte del sector de productos de consumo, la empresa operadora confía en atraer clientes de la construcción y la automoción. En una terminal de Batignolles se manipulan tráficos del sector de la construcción.
(i)	*Vía Libre (La revista del ferrocarril)* (www.vialibre-ffe.com).

6.3   Optimización de entregas sin presencia del destinatario

• **Descripción y objetivos**

En el ámbito de la entrega final a particulares, se ha optado tradicionalmente por el envío a domicilio. Este sistema obliga al cliente a estar presente en el momento de recibir la mercancía y genera costes inútiles, dado que un elevado porcentaje de los envíos falla por no encontrarse al destinatario, y el envío debe hacerse de nuevo. Por este motivo se han ido desarrollando diversos sistemas de envío que no requieren la presencia del cliente. Entre las soluciones más implantadas, podemos distinguir:

Sistemas de envío sin presencia en domicilio
Consiste en equipar el domicilio con alguna infraestructura que permita la llegada del envío sin la presencia del cliente. Las más utilizadas son:

- *Buzones de recepción:* se trata de buzones colocados permanentemente en el exterior del domicilio, a los que el cliente accede mediante una llave o un código.
- *Buzones de entrega:* se trata de buzones de propiedad de la empresa de envíos, fijados temporalmente en algún sitio seguro del domicilio del cliente.
- *Sistemas de acceso controlado:* se trata de área de acceso controlado; el conductor dispone de un código para acceder a la zona y dejar en ella la mercancía.

Sistemas de envío sin presencia, en otras ubicaciones
El domicilio es equipado con alguna infraestructura que permite la recepción sin presencia del cliente. Las más utilizadas son:

- *Puntos de recogida:* los emplazamientos de los puntos de recogida se deciden en función de la proximidad de oficinas de correo, almacenes o estaciones de servicio, según las preferencias del cliente. Suelen tener horarios muy amplios.
- *Consignas:* están formadas por un conjunto de estaciones de almacenamiento de baja capacidad y con una rotación muy alta. En estos espacios se reciben las mercancías y el cliente puede recogerlas mediante un código. Habitualmente, los clientes no tienen asignada su propia consigna, lo cual permite la optimización del uso de cada taquilla.

- **Ventajas e inconvenientes**

Entre las ventajas de la medida destacan éstas:

- Flexibiliza la cadena logística y aumenta la eficiencia y la fiabilidad.
- Minimiza las entregas fallidas por ausencia del usuario, evita desplazamientos innecesarios y, por lo tanto, reduce las emisiones contaminantes y de efecto invernadero.
- Facilita la planificación de las rutas y recorridos de reparto, dado que los puntos de entrega son fijos.
- Permite al destinatario recoger la mercancía a cualquier hora del día.

Entre los inconvenientes de la medida destacan éstos:

- Es necesario invertir en infraestructuras y tecnología en el caso de las consignas automatizadas, y en personal en el de las consignas manuales.
- Se pierde el contacto directo con el cliente.

- Es necesario que el cliente se desplace para obtener los productos. Esto podría ocasionar un efecto local en el tránsito.
- En ciertos colectivos, este sistema puede suponer una molestia, dado que, en lugar de recibirse la mercancía en casa, hay que desplazarse a un punto de recogida.

- **Recomendaciones**

  - Los puntos de recogida y las consignas son especialmente adecuadas para los bultos de dimensión pequeña-mediana.
  - Conviene tomar en consideración que, si bien las consignas pueden contribuir al aumento de la eficiencia de las entregas de productos por parte de las empresas de transporte, pueden ocasionar un aumento del número de turismos que se desplazan a los puntos de recogida. Es muy importante, pues, que las consignas estén situadas en zonas bien conectadas con el transporte público.
  - Este tipo de actuación, dado que supone un desplazamiento del cliente al punto de recogida, tiene más probabilidad de éxito en el caso de domicilios que en el de comerciantes.
  - Las consignas pueden ser multicliente o monocliente, es decir, pueden concentrar las entregas de uno o más operadores. Con objeto de conseguir un radio de acción más amplio para la actuación, conviene pensar en que más de un operador utilice el emplazamiento.
  - Hay que realizar la inversión correspondiente, en conformidad con una predicción muy cuidadosa de la demanda.
  - Hay que conseguir que el servicio sea rápido, fiable, flexible, y que tenga un precio justo, para atraer un máximo de la demanda potencial.

Figura 76. Imagen de la consigna de DHL (packstation).

CASO 38. *PACKSTATION* EN ALEMANIA

Objetivos	El objetivo de esta medida es permitir a los destinatarios de paquetería acceder a los paquetes o devolverlos los siete días de la semana y las 24 horas del día. La *packstation* nace para optimizar las entregas urbanas y los procesos de última milla, ámbito en el que se calcula que el 40 % de las entregas son fallidas en primer intento por ausencia del destinatario. Con la *packstation* se evitan viajes inútiles y, además, se reducen considerablemente los kilómetros recorridos por los vehículos de distribución gracias a una planificación más eficiente.
Descripción	La iniciativa, llevada a cabo por la empresa de logística y transporte DHL, tiene las características siguientes: – Es un sistema de entrega del producto al cliente en el cual es el cliente el que hace el último trayecto. – El punto de entrega es una consigna «electrónica» a la que el cliente puede ir a buscar el paquete en el momento que mejor le convenga. – Se proporciona a cada cliente una tarjeta con un PIN, una contraseña de internet y un mapa de la ciudad en CD-ROM con la localización de todas las consignas. – El procedimiento consiste en informar al cliente, mediante un correo electrónico o SMS, de la existencia, en una determinada consigna, de un paquete que podrá recoger en el curso de los siguientes nueve días naturales. – El volumen de los paquetes ha de ser como máximo 60 × 35 × 35 cm. *Balance de la experiencia* Ha sido positiva. La medida adoptada en Alemania ha tenido una buena acogida entre la población. Se calcula que a finales de 2006 había alrededor de setecientas consignas en más de noventa ciudades del país.
(i)	BESTUFS (www.bestufs.net). DHL (www.dhl.de).

Glosario

autoaprovisionamiento
Transporte de abastecimiento realizado por la misma empresa propietaria del establecimiento comercial.

autoventa/preventa
La autoventa es el sistema de relación comercial en el transporte en el que la venta queda incluida en el momento mismo en que el cliente recibe la mercancía (distribuidores, por ejemplo). En la preventa, el pedido y la venta ya están hechos cuando se produce la entrega al cliente.

B2C *(business to consumer)*
Transacción comercial hecha por medios electrónicos *(e-commerce)* entre el sector comercial y el consumidor final.

B2B *(business to business)*
Transacción comercial hecha por medios electrónicos *(e-commerce)* entre empresas.

cash* & *carry
Gran superficie de distribución comercial para detallistas.

CCU
Siglas de «centro de consolidación urbana».

centro de control
En un sistema centralizado de prioridad de operaciones, es el lugar donde se determina la prioridad.

centro de distribución
Almacén de productos finales o artículos de recambio. *Centro de distribución* es sinónimo de *almacén regional,* si bien actualmente se utiliza más el primer término. Un almacén que aprovisiona a un grupo de almacenes satélites suele conocerse como *centro de distribución regional.*

código de barras
Serie de barras y espacios alternados impresos o estampados en piezas, contenedores, etiquetas u otros medios, con información codificada apta para ser interpretada por lectores electrónicos. Se utiliza para facilitar la introducción de datos en un sistema de modo preciso.

comercio mayorista
Conocido también como *comercio al por mayor,* es la actividad de compraventa de mercancías en la que el comprador no es el consumidor final de la mercancía. La compra se realiza, pues, para vender la mercancía a otro comerciante o a una empresa manufacturera y éstos la utilizarán como materia prima para fabricar otra mercancía o producto.

comercio minorista
Conocido también como *comercio detallista,* es el que se sitúa en la penúltima fase de la cadena de comercialización, y transfiere bienes o presta servicios a consumidores finales situados en la última fase de dicha cadena. Las transferencias serán tan solo de productos acabados, no de materias primas.

concertación
Procedimiento por el que los agentes implicados en la distribución urbana de mercancías se ponen de acuerdo para alcanzar objetivos comunes. Este proceso puede referirse, por ejemplo, a un acuerdo entre la administración municipal y las empresas implicadas en la operativa.

consolidación/desconsolidación
Proceso de la cadena logística que se lleva a cabo en una plataforma y que consiste en agrupar diversos envíos para su transporte a larga distancia, o bien en fragmentar la carga de un camión grande de larga distancia entre camiones pequeños para que la repartan en áreas específicas.

costes de almacenamiento
Subconjunto de costes del mantenimiento de inventario que incluyen el coste de las instalaciones del almacén (gas, agua, electricidad, etc.), del personal de manipulación, de materiales, de seguridad, mantenimiento de equipos y edificios, etc.

coste de distribución
Costes asociados al movimiento y el almacenamiento de productos acabados. Pueden incluir costes de inventario, de transporte y de proceso de pedidos.

distribución comercial organizada
Es el sector comercial (de demanda de servicios logísticos) formado por las grandes empresas de distribución comercial detallista. Estas empresas concentran los productos de diferentes fabricantes en una plataforma en la que preparan los pedidos para aprovisionar a sus propios establecimientos de distribución detallista.

distribución comercial tradicional
Es el sector comercial (de demanda de servicios logísticos) integrado por establecimientos detallistas tradicionales, es decir, pequeñas empresas comerciales de carácter familiar que reciben mercancías de proveedores o se autoaprovisionan en mercados centrales, mayoristas o plataformas tipo *cash & carry*.

distribuidor
Operador logístico que adquiere (compra) uno o varios productos, los concentra en su plataforma y se encarga del reparto y la venta a los establecimientos comerciales.

DUM
Siglas de «distribución urbana de mercancías».

economía de escala
Fenómeno relacionado con la producción de grandes volúmenes mediante el cual se reduce el coste unitario, dado que los costes fijos se distribuyen entre una mayor cantidad de unidades.

embalaje *(packing)*
Actividad de consolidación de referencias y embalaje en un envío.

estacionalidad
Patrón que se repite de un año a otro, algunos de cuyos períodos son muy superiores a otros.

estantería
Medio de almacenamiento para el material paletizado. Una estantería de paletización permite almacenar palés en secciones verticales, con uno o más palés por columna. Algunas estanterías pueden almacenar más de un palé en profundidad.

estrategia de diversificación
Expansión de la línea de productos para explotar nuevos mercados. Un objetivo clave de la estrategia de diversificación es repartir el riesgo de la compañía entre diversas líneas de productos para compensar una baja en el mercado.

existencias *(stock)*
1. Artículos en inventario.
2. Productos o recambios almacenados para su venta

fabricante
Productor que convierte un producto básico semiprocesado en una gran variedad de productos. Un fabricante, por ejemplo, puede convertir acero en tornillos y hembras de tornillo, o puede convertir el papel en bolsas y cajas.

horeca
Sector comercial integrado por establecimientos de hostelería, restauración y servicio de comidas.

ITS *(intelligent transport system)*
Tecnologías y telemática aplicadas al sector de los transportes.

lineal
Espacio de un establecimiento comercial en el que se exponen las referencias (productos) de venta al público.

logística inversa
Actividad logística vinculada a aquellas necesidades de transporte que aparecen después de haberse entregado los pedidos, como la recogida de embalajes, las devoluciones, etc.

merchandising
Actividades complementarias a la venta de un producto tales como la promoción, la colocación en el lineal, etc.

operador logístico
Operador de transportes que ofrece a los fabricantes un servicio logístico integral (almacenamiento y distribución).

optimización
Consecución de la mejor solución posible a un problema por medio de un algoritmo específico.

PEC
Siglas de «paquetería, *express* y *courier*». Grupo de operadores de transporte integrado especializado en envíos de paquetería y mensajería.

plazo de entrega
En un contexto logístico, el tiempo que transcurre entre el reconocimiento de la necesidad de un pedido y la recepción de los bienes. Los componentes individuales del plazo pueden incluir el tiempo de preparación del pedido, el tiempo de cola, el tiempo de movimiento o transporte, y el de recepción e inspección.

preparación de pedidos *(picking)*
Actividad de recogida de diversas referencias para preparar un pedido; puede realizarse en un almacén o en el lineal de un establecimiento comercial.

punto de pedido
Nivel de inventario fijo por medio del cual se emite una orden de reaprovisionamiento cuando las existencias totales físicamente disponibles más las pendientes de recepción descienden hasta este nivel o por debajo del mismo. El punto de pedido se calcula, normalmente, sumando el consumo previsto en el plazo de reaprovisionamiento y las existencias de seguridad.

recepción
Función que incluye la recepción física del material, su inspección para comprobar la conformidad con lo pactado en la compra (cantidad y desperfectos), su identificación y envío a destino y la preparación de los informes de recepción.

red
Interconexión de ordenadores, terminales y canales de comunicación con el objeto de facilitar la conexión de ficheros y periféricos y la comunicación efectiva de los datos.

referencia
Unidad de producto con entidad para su gestión diferenciada del resto en una plataforma o un lineal de venta.

rotación de inventario
Número de veces que rueda un inventario en el curso del año. Un método muy utilizado para calcular la rotación del inventario consiste en dividir el coste anual de los vehículos por el nivel medio del inventario.

sensores
Aparatos capaces de mostrar y ajustar diferencias en las condiciones con el fin de controlar de forma dinámica un determinado equipamiento.

simulación
Técnica que recurre a datos reales o ficticios para reproducir en un modelo condiciones diversas que, probablemente, se presenten en el comportamiento real del sistema. Se utiliza a menudo para poner a prueba el comportamiento de un sistema bajo distintos factores de operación.

SIG
Siglas de «sistema de información geográfica». Es una integración organizada de *hardware, software* y datos geográficos, diseñada para capturar, almacenar, manipular, analizar y desplegar en todas sus formas la información geográficamente referenciada con el objeto de resolver problemas complejos de planificación y gestión.

transporte intermodal
1. Envíos que se mueven por distintos modos de transporte y que combinan las mejores características de cada cual.
2. Utilización de dos o más tipos de transporte en el movimiento de un envío.

transportista contratado
Transportista que no sirve al público general, sino que es contratado por uno o más cargadores por medio de un contrato específico.

valor añadido
En contabilidad, la adición de mano de obra directa, materiales directos y costes estructurales imputados en una operación. Es la agregación de costes de una pieza a medida que pasa por el proceso de fabricación hasta llegar al producto final.

vehículos de biocombustibles
Aquellos que funcionan con cualquier tipo de combustible obtenido a partir de la biomasa. Los biocombustibles más desarrollados son:

- **el bioetanol,** llamado también *etanol de biomasa*; se obtiene a partir del trigo, la caña de azúcar o la remolacha;
- **el biodiesel,** se fabrica a partir de aceites vegetales reciclados o nuevos. Los vegetales más empleados para su producción son la colza, la soja y algunas algas marinas que se cultivan especialmente para ese fin.

vehículos «limpios»
Aquellos que, por sus características técnicas, no contaminan o tienen índices de contaminación inferiores a la media de los vehículos de la misma clase.

vehículos de gas natural
Aquellos que funcionan con este hidrocarburo gaseoso obtenido del gas natural, compuesto básicamente de gas metano. Es el combustible fósil que contiene menos carbono.

vehículos de hidrógeno
La utilización de hidrógeno como combustible es reciente. Las pruebas realizadas son técnicamente satisfactorias, dado que los vehículos funcionan correctamente; aun así, no se esperan resultados fiables inmediatos.

vehículos de tecnología convencional en cumplimiento de directivas Euro III, Euro IV y Euro V
Directivas orientadas a la disminución de emisiones de NO_2 y partículas en suspensión de los vehículos a motor. Cada nueva directiva Euro tiene una fecha de aplicación concreta y unos requisitos de cumplimiento más exigentes en términos de emisiones.

vehículos eléctricos o híbridos
En general, los vehículos eléctricos hacen un uso más eficiente de la energía y, por lo tanto, contaminan menos que los que funcionan con los combustibles tradicionales, a condición de que la carga de las baterías se realice con energías renovables tales como la eólica o la solar.

vehículos inocuos para el medio ambiente
Bicicletas o triciclos de propulsión mecánica. Estos vehículos son utilizados por mensajeros en ámbitos urbanos limitados.

ventaja competitiva
Proceso, patente, filosofía de gestión, sistema de distribución, etc., que tiene un vendedor y que le permite controlar una cuota de mercado o un margen de beneficios superior respecto a otro vendedor que no dispone de esta ventaja.

VMS *(variable message system)*
Sistema de señalización variable que permite una gestión centralizada y en tiempo real.

Bibliografía, legislación y planificación, sitios web

BIBLIOGRAFÍA

- *Catalunya serà logística o no serà*, Institut d'Economia i Empresa i Ignasi Villalonga, Col·lecció Euram, Tres i Quatre, SL.

- Commission 4; Urban Mobility Management, Ayuntamiento de Barcelona, Metròpolis, 2005.

- *Conseil en mobilité: une nouvelle mission, un nouveau métier*, Certu. Direction des transports terrestres, Ministère de l'Équipement, des Transports, du Logement, du Tourisme et de la Mer, Centre d'études sur les réseaux, les transports, l'urbanisme et les constructions publiques, 2003.

- *E-commerce and urban freight distribution*, Bestufs. Best urban freight solutions Consortium. Best Practice Handbook Year 2 (home shopping), 2001.

- *Estudi metodològic i desenvolupament de projectes sobre propostes de millora de la distribució urbana i de les operacions de càrrega i descàrrega per a distribució de mercaderies a Barcelona*, Prointec, Ayuntamiento de Barcelona, 1997.

- *Estudio de carga y descarga de mercancías en Madrid*, CIETE, SA., Ayuntamiento de Madrid, 1999.

- *European survey on transport and delivery of goods in urban areas*, Ruesch, Martin et Glücker, Claudia, 2001.

- *Glossari de termes logístics*, CIDEM (Centre d'Innovació i Desenvolupament Empresarial), Generalitat de Catalunya (Departament de Treball, Indústria, Comerç i Turisme).

- *Guía de buenas prácticas sobre el transporte urbano de mercancías*, Bestufs. Best urban freight solutions, 2006.

- *Guia per a l'elaboració de plans de mobilitat als polígons industrials*, Cenit. Centre d'innovació del transport (UPC), Generalitat de Catalunya, Departament de Política Territorial i Obres Públiques, Pacte Industrial de la Regió Metropolitana de Barcelona, Beta editorial, 2007.

- *Guia per a les actuacions de revitalització en centres històrics i eixos comercials urbans*, Lluís Alegre, Generalitat de Catalunya (Departament d'Indústria, Comerç i Turisme).

- *Guide d'action. Mieux gérer les marchandises en ville*, GART, ACFCI, AUTF, FNTR, 2000.

- *L'intégration des marchandises dans le système des déplacements urbains*, Cartier, Jacques, Laboratoire d'Economie des Transports, Montreal, 2002.

- *La plataforma logística a Catalunya. Mirada al present, visió de futur*, Centre Logístic de Catalunya, Barcelona, 2007.

- *Le transport de marchandises en ville, une gestion publique entre police et services,* Laetitia Dablanc, Editions Liaisons, París, 1998.

- *Libro blanco de los operadores logísticos en España,* Transporte XXI, Bilbao, 2006.

- *Libro blanco del transporte de mercancías en España,* Transporte XXI, Bilbao, 2006.

- *Llibre blanc sobre la concentració empresarial en el sector de la distribució comercial a Catalunya,* Generalitat de Catalunya. Departament de Comerç, Turisme i Consum, Sector quotidià, 2003.

- *L'optimisation de la circulation des biens et services en ville,* Boudouin, Daniel et Morel, Christian, La documentation Française, París, 2002.

- *Los transportes y los servicios postales,* informe anual del Ministerio de Fomento, 2006.

- *Observatorio de la Movilidad Metropolitana,* Ministerio de Medio Ambiente, Ministerio de Fomento, Centro de investigación del transporte, Universidad Politécnica de Madrid, 2007.

- *Operadores logísticos. Claves y perspectivas de los servicios de los operadores logísticos,* Andrés Mira, Marge Books, Barcelona, 2006.

- *Plans de déplacements urbains et marchandises en ville. Réflexions à destination des élus,* ADEME/CERTU, Lyon, 2001.

- *Plans de déplacements urbains, prise en compte des marchandises,* ADEME/CERTU, Guide méthodologique, Lyon, 1998.

- *Projecte URBIS,* Institut Cerdà, Barcelona, 2003.

- *Réaliser un plan de déplacements entreprise,* Agence de l'Environnement de la Maîtrise de l'Énergie (ADEME), Guide à destination des chefs de projet, París, 2004.

- *Recomendaciones para el proyecto y diseño del viario urbano,* Ministerio de Fomento, Madrid, 1995.

- *Recomendaciones sobre la colaboración y el transporte urbano de mercancías eficiente,* AECOC, Recomendaciones AECOC para la logística (RAL), Barcelona, julio de 2002.

- *Road pricing and urban freight transport,* Bestufs. Best urban freight solutions Consortium, Best Practice Handbook Year 3, 2002.

- *Statistical data, data acquisition and data analysis regarding urban freight transport. City access, parking regulations and access time regulations and enforcement suppor,* Bestufs Consortium, Best Practice Handbook Year 1, 2001.

- *Transport de marchandises en ville: acquis des grandes enquêtes françaises, études et recherches,* Laboratoire d'Economie des Transports, París, 2000.

- *Urban Goods Transport. Final Report of the Action,* COST 321, European Commission, Directorate General Transport, Bruselas, 1998.

LEGISLACIÓN Y PLANIFICACIÓN

- *Decreto 344/2006, del 19 de septiembre, de regulación de los estudios de evaluación de la movilidad generada,* Departamento de Política Territorial y Obras Públicas, Generalitat de Catalunya.

- *Directrices nacionales de la movilidad de Cataluña,* Departamento de Política Territorial y Obras Públicas, Generalitat de Catalunya, 2006.

- *Ley 18/2005, del 27 de diciembre, de Equipamientos Comerciales,* Generalitat de Catalunya.

- *Ley 9/2003, del 13 de junio, de la Movilidad.* Generalitat de Catalunya.

- *Ordenança municipal «tipus» reguladora del soroll i les vibracions,* Departamento de Medio Ambiente, Generalitat de Catalunya, 1995.

- *Ordenança municipal de circulació de vianants i vehicles.* Última modificación publicada en el BOP 300, Ayuntamiento de Barcelona, 16-12-2006.

- *Ordenança municipal de previsió d'espais per a càrrega i descàrrega,* BOP 64, Ayuntamiento de Barcelona, 16-03-1999.

- *Pla director de mobilitat de la regió metropolitana de Barcelona,* Autoritat del Transport Metropolità (ATM), 2007.

- *Plan territorial sectorial de equipamientos comerciales,* Departamento de Innovación, Universidades y Empresa, Generalitat de Catalunya, 2006-2009.

SITIOS WEB

Instituciones

Assemblée des Chambres Françaises de Commerce et d'Industrie
   www.acfci.cci.fr
Association des Utilisateurs de Transport de Fret
   www.autf.fr
Ayuntamiento de Barcelona
   www.bcn.cat
Ayuntamiento de Bremen
   www.umwelt.bremen.de
Ayuntamiento de Norwich
   www.norwich.gov.uk
Ayuntamiento de Nueva York
   www.nyc.gov
Centre d'Études sur les Réseaux, les Transports, l'Urbanisme et les constructions publiques
   www.certu.fr
Community Research and Development Information Service
   www.cordis.lu/cost-transport
Congestion Charge. Transport for London
   http://cclondon.tfl.gov.uk
Decision Support System For Integrated Door-To-Door Delivery: Planning and Control in Logistic Chains
   www.idsia.ch/mosca
Department for Transport
   www.dft.gov.uk

Direcció General d'Energia i Transports de la UE
   http://europa.eu.int/comm/dgs/energy_transport/index.html
DVV Media Group
   www.etp.net
European Cities and Regions Networking for Innovative Transport Solutions
   www.polis-online.org
European Local Transport Information Service
   www.eltis.org
Fédération Nationale des Transports Routiers
   www.fntr.fr
Generalitat de Catalunya
   www.gencat.cat
Gobierno de Queensland
   www.transport.qld.gov.au/freight
Groupement des Autorités Responsables de Transports Publics
   www.gart.org
Instituto Nacional de Estadística
   www.ine.es
Intelligent Transport Systems
   www.directorioits.com/
Intelligent Transportation Systems. US Department of Transportation
   www.its.dot.gov
Japanese Ministry of Land, Infrastructure, Transport & Tourism
   www.mlit.go.jp/road/ITS/
New York City Real Time Traffic Cameras. Ayuntamiento de Nueva York
   www.nyctmc.org
Stratec, SA
   www.stratec.be
Transport Research Group. Aalborg University
   www.i4.auc.dk/trg/trg_uk.htm
Transports de Marchandises en Ville
   www.transports-marchandises-en-ville.org
Transport Studies Group. University of Westminster
   www.westminster.ac.uk/transport/projects/u-d-summ.htm
Urban Traffic Management and Control. Transport for London
   www.utmc.gov.uk
Vehicle Information and Communication System
   www.vics.or.jp

Proyectos europeos

Electric Vehicle City Distribution Systems
    www.elcidis.org
Electric Vehicle Delivery Post
    www.citelec.org/evdpost/
Programme Recherche et d'Innovation dans les Transports Terrestres
    www.predit.prd.fr
Best Urban Freight Solutions
    www.bestufs.net

CIty VITAlity Sustainability
    www.civitas-initiative.org/civitas/index.htm
Proyecto Miracles
    www.civitas-initiative.org
Proyecto Vivaldi
    www.civitas-initiative.org
Short Term Actions to Reorganize Transport of Goods
    www.start-project.org